まえがき

平成という時代に幕が下りました。

三〇年と四カ月。刻まれた歴史は決して平坦ではありませんでした。その歩みを記すため、その歴史をひも解くため、茨城新聞社の報道を基に『茨城　平成時代年表』を編纂、発行する運びとなりました。その時々に起きた県内外の出来事、事件、事故を年表体裁にまとめ、詳細に記録しました。さらに政治、経済、社会、文化、スポーツなどの各分野に分けて時代を総括する文章を盛り込みました。

振り返ってみますと、平成の世はバブル経済の絶頂期に昭和からバトンを引き継いだものの、瞬く間にバブルが崩壊し、長くデフレに苦しんだ時代でもありました。格差の拡大、地方の衰退、少子高齢化の進行、大災害の対応に追われた三〇年でもありました。茨城県では日立の山火事、那珂川氾濫、ＪＣＯ臨界事故、東日本大震災、つくばの竜巻、常総水害など大きな災害、事故に見舞われました。一方で県土の発展では目覚ましいものがありました。国営ひたち海浜公園、新県庁舎、つくばエクスプレス、茨城空港などがオープン、北関東道や圏央道も開通しました。水戸芸術館、県自然博物館、県天心記念五浦美術館、県陶芸美術館、県立医療大学も平成生まれです。世界湖沼会議や金砂大祭礼など大きな催事も行われ、高校野球、オリンピック、ノーベル賞では本県関係者がその名を刻みました。

本書は茨城県近現代史研究会の全面協力を得て作製しました。平成という時代の県内の歴史証言書でもあります。分かりやすく、利便性の高い、貴重な一冊となっております。幅広く活用していただければと願っております。

茨城新聞社
代表取締役社長　小田部　卓

目次

茨城平成時代年表

昭和64年 平成元年 1989

県内政治・経済	
1月16日	JR水戸線で開業百周年
1月24日	村議会議長選出めぐる強要事件で新利根村の岡野一兄村長逮捕
1月25日	県議会黒い霧事件で最高裁、一一被告全員の上告棄却、有罪確定
2月1日	茨城銀行、つくば銀行誕生
2月14日	千代川村長選で永瀬純一無投票三選
3月11日	常磐線にスーパーひたちデビュー
3月26日	阿見町長選で松島保初当選
3月30日	新利根の贈収賄事件で細谷武男県議逮捕
4月1日	水戸市、市制施行百年
4月16日	内原町長選で大関茂初当選
4月20日	常陸那珂港建設に伴う漁業補償一二二億二千万円で県と県漁連合意
4月30日	新利根村長選で内藤謙吉初当選
5月13日	土曜閉庁、県スタート

県内社会・文化	
1月5日	神栖町で母子三人焼死
1月6日	ひたちなか市沢田遺跡が江戸後期の製塩所と確認
1月7日	全国高校ラグビー大会決勝戦中止で茗渓学園初優勝
1月10日	神栖町の焼死事件、夫の保険金目当て放火
	第一回中村彝賞に佐竹徳
1月18日	水海道市で乗用車がブロック塀に激突三人死亡
1月31日	常磐道の谷和原村で九台衝突、三人死亡
2月4日	大宮町小野の那珂川べりで発見されたゾウの歯化石が県内最古の一六〇〇万年前と分かる
3月25日	笠間市に世界一の大壷完成
4月4日	鹿島学園高校開校

国内・世界	
1月7日	天皇陛下崩御
1月8日	平成に改元
1月14日	国の主な行政機関一斉に初の土曜閉庁
1月24日	リクルート疑惑で原田憲経企庁長官が引責辞任
2月7日	リクルート疑惑で民主党の塚本委員長辞意表明
2月9日	漫画家の手塚治虫死去、六〇歳
2月10日	文部省、学校行事に日の丸掲揚案公表
2月13日	リクルート前会長江副浩正、NTT元取締役など四人贈収賄容疑で逮捕
2月24日	昭和天皇、大喪の礼に一六三カ国九八〇〇人参列
3月6日	リクルート事件でNTT真藤恒前会長を収賄容疑で逮捕

【全国育樹祭】
昭和天皇お手植えのスギの枝打ちをなさる皇太子さま
＝1989年10月29日、大子町

5月21日　常陸那珂港建設で三漁協内漁業権放棄
5月29日　県農協五連会長に本橋元選ぶ
5月30日　県商工会連合会長に山口信太郎再選
6月2日　宇野内閣に梶山静六通産相、中村喜四郎科技庁長官で入閣
6月18日　龍ケ崎市長選で岡田昭守三選
6月20日　百里基地訴訟、最高裁で国勝訴
7月23日　参院選で種田誠（社会）、狩野明男（自民）当選
7月31日　土浦京成百貨店閉店
8月16日　岩上二郎参院議員死去
9月5日　東海村長選で須藤富雄無投票三選
10月1日　参院補選で野村五男（自民）圧勝
10月22日　谷和原村長選で飯島文彦初当選
10月29日　皇太子さま迎え、大子町で全国育樹祭開催
11月2日　JT—60安全協定を原研と県、関係市町村で結ぶ
11月5日　結城郡県議補選で飯野重男初当選
11月9日　城地豊司衆院議員死去
11月14日　神栖町長選で沼田省二無投票再選
11月26日　三和町長選で大山真弘再選
12月7日　連合茨城発足
12月12日　五霞村長選で鈴木理一無投票再選

5月1日　一橋徳川家一二代当主徳川宗敬死去
5月30日　原研東海研究所核燃料貯蔵庫で天然ウラン自然発火
6月5日　書家の浅香鉄心、日本芸術院賞受賞
7月29日　常総学院茨城大会制し、三年連続甲子園出場
8月6日　台風一三号県土直撃、北茨城市大北川決壊
8月24日　水戸芸術館、水戸室内管弦楽団指揮者に小澤征爾と発表
10月5日　結城廃寺跡から文様入り舎利孔石ぶた出土
10月24日　常磐線磯原—大津港間で貨物列車脱線転覆
10月25日　一〇月末に県科学技術振興財団設立、つくば賞創設
10月27日　文化功労者に洋画家の森田茂（下館市出身）
11月20日　日本芸術院会員に彫刻の小森邦夫、日本画の加倉井和夫
12月28日　日立市で住宅兼店舗全焼し、三人焼死

4月1日　消費税導入、税率三％
4月8日　ソ連原子力潜水艦、ノルウェー沖で火災沈没、一二人死亡
4月11日　竹下首相、リクルートグループから総額一億五千万円の献金を受けたと表明
4月25日　竹下首相、リクルート事件引責で退陣表明
4月27日　松下電器産業創業の松下幸之助死去、九四歳
5月12日　伊東正義自民党総務会長、竹下後継を辞退
5月15日　ゴルバチョフソ連書記長北京入り、一六日中ソ三〇年ぶり正常化合意
5月17日　リクルート事件で藤波孝生元官房長官、受託収賄容疑で取り調べ、矢野公明党委員長は引責辞任
5月18日　公明党委員長に石田幸四郎副委員長選ぶ。二一日就任
5月25日　リクルート事件で中曽根前首相、国会証人喚問で疑惑全面否定
5月31日　中曽根前首相、リクルート事件の責任を取り、自民党離党
6月2日　首相に宇野宗佑選出。宇野新政権スタート
6月4日　中国で天安門事件。死者二〇〇人超える
6月15日　衆院建設委、常磐新線法案可決、二二日成立
6月24日　中国共産党総書記に江沢民。趙紫陽を解任

美空ひばり死去
7月23日 参院選自民大敗、社会倍増し与野党逆転
7月24日 宇野首相、退陣表明
8月8日 自民党総裁に海部俊樹元文相
8月9日 海部内閣成立
8月15日 幼女殺人事件で宮崎勤容疑者、三人の幼女殺害自供
9月12日 礼宮さまと川嶋紀子さま婚約
10月5日 ダライ・ラマにノーベル平和賞
10月6日 海部首相、自民党総裁再任
10月14日 田中角栄元首相、政界引退表明
10月18日 サンフランシスコでM6・9の大地震、死者二七〇人超
11月6日 俳優松田優作病死
11月9日 ベルリンの壁開放
11月20日 プラハで民主化要求二〇万人デモ
11月21日 新連合誕生、山岸章会長選出
12月1日 フィリピンで政権打倒狙い軍の一部反乱
12月3日 ブッシュ米大統領とゴルバチョフソ連書記長会談、米ソ新時代に
12月22日 ルーマニア、チャウシェスク体制崩壊、二五日処刑

平成２年
1990

県内政治・経済

1月19日	自民党元幹事長、橋本登美三郎死去 石崎力金砂郷村長死去
1月21日	常陸太田市長選で渡辺龍一初当選
1月22日	古河市選出の逆井督県議死去
2月4日	高萩市長選で大久保清初当選
2月18日	衆院選で一区時崎雄司（社新）、葉梨信行（自前）、額賀福志郎（自前）、中山利生（自前）、二区大畠章宏（社新）、梶山静六（自前）、塚原俊平（自前）、三区中村喜四郎（自前）、丹羽雄哉（自前）、赤城徳彦（自前）、竹内猛（社前）、二見伸明（公前）当選
2月20日	金砂郷村長選で成井光一郎無投票初当選
2月27日	藤代町長選で吉田久夫無投票四選
2月28日	第二次海部内閣に塚原俊平労働大臣で入閣
4月1日	総和町長選で青木保夫三選 岩井市長選で吉原英一無投票四選

県内社会・文化

1月10日	県警、海外先物取引八人逮捕、被害二三億円
3月3日	中丸三千繪（下館市出身）マリア・カラス・コンクールで優勝
3月22日	水戸芸術館開館
4月17日	百里基地で日米共同訓練
4月23日	東京家政学院筑波短期大学開校
5月20日	県共同募金会の川角豊太郎会長死去
5月25日	国民宿舎「鵜の岬」利用率、元年度全国一位に
6月8日	つくば文化会館アルス開館
7月23日	舟塚古墳から出土した四頭竜の環頭大刀見つかる
7月27日	ゴルフ場開発汚職で茨城町課長と業者ら三人を警視庁が贈収賄容疑で逮捕
8月2日	水戸市で全国新聞教育研究大会
9月22日	神栖町のゲーム喫茶で従業員二人射殺

国内・世界

1月10日	大相撲の元横綱栃錦（相撲協会前理事長、春日野親方）死去
1月13日	大学入試センター試験（新テスト）幕開け
1月18日	本島等長崎市長、右翼に撃たれ重傷
2月7日	ゴルバチョフソ連共産党、党独裁放棄や大統領制導入の方針決定
2月11日	南アフリカのマンデラ二七年ぶりに釈放
2月18日	衆院選挙
2月28日	第二次海部内閣発足
3月15日	ソ連初代大統領にゴルバチョフ選出
3月18日	長崎屋尼崎店で昼火事、一五人死亡
4月26日	小選挙区比例代表並立制導入を選挙制度審答申
5月24日	韓国の盧泰愚大統領来日、天皇陛下と面会
6月1日	米ソ戦略核削減で基本合意
6月10日	ペルー大統領選で日系二世のフジモ

【水戸芸術館開館】
開館に向け建設が進む水戸芸術館のタワー＝1989年12月、水戸市五軒町

4月8日　鹿島町長選で五十里武初当選
4月12日　小松崎四郎旭村長死去
4月24日　猿島町長選で木村好無投票再選
5月6日　坂本重道出島村長急死
5月15日　水戸理化ガラス、世界最小レンズ開発
5月27日　旭村長選で米川一郎初当選
6月12日　岩瀬町長選で川那子明三無投票初当選
6月19日　常磐新線建設促進議員連盟旗上げ
6月24日　出島村長選で宮嶋光昭初当選
　民社党県連初代会長に塚田延充
6月26日　伊奈町長選で飯島善無投票初当選
8月3日　小松修達玉里村長死去
8月28日　守谷町長選で大和田仁無投票四選
9月2日　瓜連町長選で先崎千尋初当選
9月13日　梶山静六、法相就任
9月23日　玉里村長選で渡辺伸初当選
10月3日　血盟団事件に関わった小幡五朗県議死去
11月2日　飯田ダム完成
11月7日　竹内知事五選出馬表明
11月11日　協和町長選で岡野英一再選
　大洗町長選で竹内宏四選
11月18日　北茨城市長選で豊田稔初当選
　勝田市長選で清水曻無投票三選
　茎崎町長選で石川玄蔵再選
　明野町長選で加倉井豊邦初当選
12月6日　真壁町長選で平間小四郎三選
12月9日　県議選で自民圧勝
　里美村長選で荷見泰男初当選
12月17日　大子町長選で黒田宏再選

11月5日　水戸駅北口再開発ビルの核テナントに「丸井」決定
11月12日　百里基地に追撃弾
11月16日　茨城町の小幡北山埴輪製作遺跡が国指定史跡に
11月27日　日立市で母子三人焼死

リ当選
6月21日　イラン北西部でM7・3の大地震、死者二万五千人以上
6月29日　礼宮文仁親王と川嶋紀子さまの結婚の儀、秋篠宮家創立
7月16日　フィリピン、ルソン島でM7・7の大地震、死者二〇〇〇人
8月2日　イラク軍、クウェート侵攻、制圧
9月30日　韓ソが国交樹立
10月3日　東西ドイツが統一
10月15日　ノーベル平和賞にゴルバチョフソ連大統領決定
11月12日　天皇陛下即位の礼
11月22日　サッチャー英首相辞任表明
12月2日　TBS記者秋山豊寛、日本人初の宇宙飛行、一〇日帰還
12月9日　ポーランド初の大統領にワレサ当選
12月29日　第二次海部改造内閣発足

平成3年

1991

県内政治・経済

1月8日	友部町長選で村上浩之助無投票再選
1月13日	玉造町長選で坂本常蔵九選
	八千代町長選で大久保敏夫初当選
1月20日	結城市長選で荒井秀吉再選
	鉾田町長選で小室光初当選
1月23日	首都圏新都市鉄道設立発起人会開く
1月27日	八郷町長選で桜井盾夫初当選
2月3日	那珂町長選で浅川泰郷三選
2月10日	潮来町長選で今泉利拓三選
	常北町長選で松崎和治再選
2月17日	麻生町長選で栗又宏三初当選
	小川町長選で安達務初当選
	桜川村長選で飯田稔返り咲く
2月24日	茨城町長選で郡司和幸初当選
	美野里町長選で島田穣一初当選
3月16日	水戸市と常澄村合併協定調印
4月7日	竹内藤男、県知事選で初の五選
4月16日	新治村長選で御田寺義也無投票当選
	山方町長選で根本嘉朗無投票三選

県内社会・文化

2月7日	鉾田町のサツマイモ貯蔵室で三人酸欠死
2月9日	常澄村の大串貝塚公園に伝説の巨人像完成
2月26日	水郡線に初の女性駅長（常陸太田駅）
3月7日	日立で山火事、一七〇ヘクタール焼失、住宅一一棟全半焼。八日鎮火
3月8日	JR水戸支社、二階建て電車公開、一六日から運行
3月13日	常磐大学の市村正二学長辞任、諸澤英道学長に
4月5日	日立風流物のらん干など一部焼失、放火の疑い
4月6日	吉村昭「桜田門外ノ変」原稿を茨城新聞社に寄贈。県教委に寄託
5月15日	日立信組、元理事長に三億七千万円賠償求め訴訟
5月17日	下館市の水田に軽飛行機墜落一人死亡

国内・世界

1月17日	湾岸戦争に突入
1月19日	登山家田部井淳子南極の最高峰登頂、女性初の世界六大陸最高峰征服
2月15日	イラク、クウェートからの撤退表明
2月24日	多国籍軍クウェート突入、地上戦へ
2月27日	多国籍軍クウェート全土ほぼ制圧、二八日湾岸戦争終結
4月1日	牛肉・オレンジ輸入自由化開始
4月8日	東京都知事選で鈴木俊一四選
4月16日	ソ連ゴルバチョフ大統領来日
4月26日	海上自衛隊の掃海艇ペルシャ湾の機雷除去に出発、自衛隊初の海外派遣
5月14日	信楽高原鉄道で列車正面衝突四一人死亡
	横綱千代の富士引退
5月15日	安倍晋太郎自民党元幹事長死去
6月3日	長崎・普賢岳で大規模火災流、記者など四三人死亡、行方不明
6月13日	エリツィン、初代ソ連ロシア共和国

【日立山火事】
強風にあおられ民家に迫る日立の山火事＝1991年３月７日、日立市内

十王町長選で関義弘無投票再選
利根町長選で鈴木嘉昌無投票四選
七会村長選で岩下金司無投票再選
美浦村長選で市川紀行無投票三選
4月21日 日立市長選で飯山利雄初当選
古河市長選で針谷善吉初当選
水海道市長選で神林弘再選
取手市長選で菊池勝志郎四選
波崎町長選で村田康博三選
境町長選で橋本正士四選
5月27日 大野村長選で生井沢健二六選
県選管、東茨城郡南部県議選で田山東湖逆転当選と判定
5月28日 河内村長選で細谷忠男無投票三選
6月23日 那珂湊市長選で根本甚市初当選
7月5日 県副知事に前田正博通産省大臣官房政策企画官に決定
7月14日 竹内精一副知事退任
9月8日 牛久市長選で大野喜男初当選
岩間町長選で中林恒之再選
10月20日 関城町長選で斎藤和夫四選
10月24日 県の新シンボルマーク決定
11月10日 土浦市長選で助川弘之無投票再選
12月1日 江戸崎町長選で筧信再選
12月8日 石岡市長選で木村芳城初当選
12月22日 つくば市長選で木村操初当選

多賀竜が引退
5月21日 日本サッカー二部住友金属にジーコ入団発表
5月25日 日展茨城展開幕、六月一六日閉幕
6月21日 取手市で朝火事、一家四人焼死
7月5日 茨城新聞創刊一〇〇周年
7月10日 板谷波山記念館から波山作花びん、水差など約二〇点四億円相当が盗まれる
7月12日 筑波大の五十嵐一助教授、学内で殺害される。小説「悪魔の詩」翻訳者
7月24日 プロサッカーリーグに参加する住友金属のチーム名「鹿島アントラーズ」と決定
8月4日 石岡市農協不正融資事件で石岡市助役が自殺。七月二日農協組合長も自殺
9月3日 ゴルフ会員権水増し発行の茨城カントリークラブ（高萩市）の開発会社常陸観光開発が倒産
10月5日 国営ひたち海浜公園一部開園
10月9日 クリスト・アンブレラ展常陸太田市から里美村の里川沿いで開幕。米会場での事故で二七日打ち切り
10月29日 茨城カントリークラブの開発会社、東京・水戸地裁が破産宣告
12月20日 日本トイザらス一号店が阿見町にオープン

大統領に当選
6月21日 社会党の土井たか子委員長辞任表明
6月24日 巨額の損失補てん、暴力団への融資問題で野村證券と日興証券の社長が引責辞任
6月25日 第八次選挙制度審議会が小選挙区制区割り案答申
8月5日 「世界のホンダ」築いた本田技研工業創業者の本田宗一郎死去、八四歳
8月19日 ソ連保守派クーデター、ゴルバチョフ大統領失脚、二一日クーデター失敗、二二日復権
8月24日 ソ連共産党解散へ、ゴルバチョフ書記長辞任
9月5日 ソ連の解体、臨時人民代議員大会で採択
9月26日 天皇・皇后両陛下、東南アジア三カ国訪問、歴代天皇初
10月4日 海部首相、退陣決定
10月27日 自民党総裁に宮沢喜一選出
11月5日 宮沢首相指名、内閣発足
12月25日 ゴルバチョフ大統領辞任、ソ連崩壊

平成４年
1992

県内政治・経済	
1月10日	動燃東海事業所で協力社員二人が年間被ばく限度量の一・四倍被ばく
1月20日	自民県連県議会定数委、一増一減二合区案まとめる
2月4日	千代田町長選で金子政美無投票三選
2月19日	旧常磐炭鉱じん肺訴訟で北茨城じん肺訴訟の第二陣提訴
2月26日	狩野明男参院議員死去
3月3日	水戸市と常澄村合併
3月4日	竹内知事、県庁移転条例案、早期に提出と定例県議会で表明
3月22日	下妻市長選で横島良市無投票再選
4月7日	大宮町長選で矢数浩無投票再選

県内社会・文化	
1月16日	北関東広域捜査隊の三月発足に向け、茨城、栃木、埼玉、群馬四県警本部長が覚書に調印
2月2日	元関脇多賀竜（日立市出身）断髪式と勝ノ浦襲名披露
2月6日	筑波大学長にノーベル物理学賞受賞の江崎玲於奈を選出
4月29日	大子町で山火事五〇ヘクタール焼く
	霞ヶ浦ふれあいランド（玉造町）がオープン
5月8日	笠間芸術の森公園一部オープン
6月2日	関東鉄道列車、取手駅ビルに激突、一人死亡、一六八人負傷

国内・世界	
1月7日	米ブッシュ大統領来日
1月22日	脳死臨調、脳死を「人の死」とし、脳死者からの臓器移植を認める最終答申を提出
1月26日	大相撲初場所で一九歳五カ月の貴花田、初の一〇代優勝
2月8日	冬季五輪アルベールビル大会開幕
2月14日	佐川急便事件で四人逮捕
2月18日	アルベールビル大会、スキー・ノルディック複合団体で日本優勝
3月1日	暴力団対策法施行
3月20日	右翼の男、足利市で応援演説中の自民党副総裁金丸信に短銃三発発砲、

【常総線取手駅列車激突】
ブレーキが利かず暴走、駅ビルに激突した関東鉄道常総線の車両＝1992年６月２日、取手駅

4月12日 参院茨城補選で狩野安当選
5月30日 龍ケ崎市長の岡田昭守死去
7月5日 水戸市長選で佐川一信三選
石下町長選で飯塚富雄初当選
7月12日 桂村長選で大森藤和再選
東村長選で成毛平昌四選
7月18日 総和町の青木保夫町長死去
7月19日 龍ケ崎市長選で海老原龍生初当選
7月26日 参院選で自民・野村五男、社会・矢田部理当選
8月2日 笠間市長選で笹目宗兵衛無投票三選
8月23日 大洋村長選で石津政雄再選
9月1日 大和村長選で飯島輝信無投票再選
9月6日 総和町長選で植竹忻一初当選
10月4日 牛堀町長選で森内捷夫再選
10月13日 美和村長選で大瀧典夫無投票三選
10月20日 守谷町長の大和田仁死去
水府村長選で平山嘉郎無投票三選
10月25日 下館市長選で鈴木良一初当選
御前山村長選で川又利夫三選
11月1日 緒川村長選で大津喜代志再選
11月28日 常陸那珂地区二市一村合併論議ご破算に
12月6日 守谷町長選で会田真一初当選
12月11日 宮沢改造内閣発足。幹事長に梶山静六、建設大臣に中村喜四郎、厚生大臣に丹羽雄哉、防衛庁長官に中山利生選ばれる
12月23日 北浦村長選で磯山伸知三選

6月16日 守谷町の花火工場爆発、三人死亡
7月9日 茨城大学長に橋本周久選出
7月18日 大相撲名古屋場所で西前頭筆頭の水戸泉（水戸市出身）が初優勝
8月6日 笠間焼、伝統的工芸品指定へ
9月19日 鬼怒川で投網したタイ人四人水死
現存するもので日本最古（一八六五年スタインウェイ製）のグランドピアノ、県立歴史館が修復
10月21日 那珂町に核融合炉国際研究那珂センター開設
10月22日 県農業総合センター（岩間町）が完成
11月9日 天皇・皇后両陛下、鹿島港ご視察
12月31日 水戸市内のマンションから女子中学生五人飛び降り、三人死亡、二人重体

けがなし
3月27日 青森県六ケ所村で国内初の民間ウラン濃縮工場が操業開始
4月8日 ユーゴスラビアのボスニア・ヘルツェゴビナ共和国が非常事態宣言、内戦深刻化
4月29日 白人警官の無罪評決に怒り、ロスで黒人大暴動。各地に飛び火、死者四〇人
5月7日 前熊本県知事細川護熙、新党結成を表明、五月二二日、日本新党と命名
6月15日 PKO協力法、衆院本会議で可決成立、八月一〇日施行
7月1日 日米首脳会談、ワシントンで開催
7月20日 証券取引等監視委員会発足
7月25日 夏季五輪バルセロナ大会開幕
7月26日 参院通常選挙
7月27日 バルセロナ五輪で競泳女子二〇〇メートル平泳ぎに出場した中学二年の岩崎恭子が史上最年少で優勝
8月29日 青森県八戸市の風張遺跡で発掘されたコメが日本最古のコメと判明
9月12日 日本人宇宙飛行士の毛利衛ら搭乗のスペースシャトル「エンデバー」米国で打ち上げ
学校週五日制スタート
10月23日 天皇・皇后両陛下、初の中国訪問
11月3日 米国大統領選挙で民主党のクリントンが圧勝
12月19日 韓国大統領選挙で民自党の金泳三が当選

平成5年 1993

県内政治・経済

- 2月1日 最高裁、柴沼弘道県議の当選無効確定、田山東湖の当選決定
- 2月16日 千代川村長選で永瀬純一無投票四選
- 2月27日 水戸駅北口再開発ビル「マイム」オープン
- 3月15日 千代田町長の金子政美死去
- 3月24日 北茨城じん肺訴訟第一陣、和解成立
- 3月27日 全国都市緑化いばらきフェア、水戸市で開幕、五月三〇日閉幕
- 3月28日 阿見町長選で松島保再選
- 4月4日 新利根村長選で内藤謙吉再選
- 社会党県本部委員長に小林啓一
- 4月13日 内原町長選で大関茂無投票再選

県内社会・文化

- 1月13日 直木賞に本県出身の出久根達郎の「佃島ふたり書房」
- 2月16日 日立市の会社員遺体なき殺人で知人の二少年逮捕
- 2月19日 日立市の日鉱大煙突が倒壊
- 2月22日 つくば市で「環境フェア国際シンポジウム」開幕（二三日まで）
- 2月25日 国重文の八郷・羽生家住宅全焼
- 3月19日 人間国宝に陶芸家松井康成。本県初
- 3月31日 尾曽改め武双山十両昇進
- 5月4日 県立カシマサッカースタジアム完成
- 6月11日 石岡市のタマゴ博疑惑で博覧会協会長ら二人水戸地検略式起訴

国内・世界

- 1月1日 EC統合市場発足。世界最大の単一市場に
- 1月5日 プルトニウム輸送船あかつき丸、東海村の東海港に入港
- 1月6日 皇太子妃に小和田雅子さん
- 1月14日 米英仏、イラクを空爆
- 1月15日 釧路沖地震、死者二人
- 1月20日 米クリントン大統領就任
- 1月27日 日本相撲協会、曙の横綱昇進決定。初の外国人横綱
- 2月19日 連合赤軍事件で最高裁判決、永田、坂口被告の死刑確定
- 3月6日 東京地検、佐川急便事件で金丸信元

【橋本知事初登庁】
竹内藤男知事の辞職により行われた知事選で初当選し、県職員に迎えられ初登庁する橋本昌知事＝1993年10月１日、水戸市三の丸

4月25日　千代田町長選で鈴木三男初当選
5月15日　藤代町長の吉田久夫死去
5月28日　常陽銀行会長に石川周、頭取に西野虎之介
6月20日　藤代町長選で小林靖男初当選
6月23日　北茨城じん肺訴訟第二陣、和解へ
茨城産業会議を創設
7月19日　ゼネコン汚職で大山真弘三和町長が受託収賄容疑で逮捕
7月23日　竹内藤男知事、十王ダム発注に便宜、収賄容疑で逮捕
8月6日　竹内知事が辞表提出
8月31日　東海村長選で須藤富雄無投票四選
9月7日　三和町長選で舘野喜重郎無投票初当選
9月26日　知事選で橋本昌初当選
9月30日　全農会長に本橋元県農協五連会長
10月17日　水戸市長選で岡田広初当選
10月24日　谷和原村長選で飯島文彦再選
11月1日　金砂郷村、町制に移行
11月11日　農相六回務めた赤城宗徳死去、八八歳
11月21日　神栖町長選で岡野敬四郎初当選
12月14日　五霞村長選で鈴木理一無投票三選

7月7日　鹿島アントラーズ、Jリーグ前期優勝、初代王者に
7月27日　夏の高校野球県大会で常総学院二年連続優勝
8月30日　武双山、スピード入幕決まる
10月13日　水戸市内で男女二人殺害される
10月22日　本県出身の洋画家、森田茂に文化勲章
日本芸術院会員の彫刻家・小森邦夫死去
11月25日　森田茂、名誉県民に
12月22日　総和町で大型車に乗用車激突、高校生ら四人即死
12月28日　高萩市で火災、幼児三人焼死

自民党副総裁を所得税法違反容疑で逮捕
4月23日　天皇陛下、初の沖縄ご訪問
5月4日　カンボジアへのPKO派遣の文民警察官襲撃され五人死傷
5月15日　サッカーJリーグ開幕
6月9日　皇太子、小和田雅子さんとご結婚
6月18日　衆院本会議、宮沢内閣不信任案を可決、衆院解散
6月21日　自民党離党の一〇人、新党さきがけ結成
6月23日　自民党離党の四四人など新生党を結成
6月29日　東京地検特捜部、仙台市長を収賄で逮捕、ハザマ会長ら六人も
7月1日　映画会社にっかつ、事実上倒産
7月7日　主要先進国首脳会議、東京で開催
7月12日　北海道南西沖でM7・8の地震。奥尻島など死者不明二三〇人
7月18日　衆院総選挙実施
8月5日　宮沢内閣総辞職
8月6日　衆参両院本会議で細川日本新党代表を首相に指名
8月9日　細川内閣成立
9月21日　プロ野球、FA制度を今年オフから導入決定
9月28日　ゼネコン汚職で宮城県知事ら逮捕
10月5日　中国、一年ぶりに地下核実験を実施
10月11日　ロシア・エリツィン大統領来日
10月17日　ロシア、日本海で放射性液体を海洋投棄

11月1日　欧州連合（ＥＵ）発足
11月12日　環境基本法成立
11月18日　衆院本会議、小選挙区比例代表並立制導入を柱とする政治改革法案を可決
12月8日　屋久島と白神山地が世界自然遺産に決定
12月9日　法隆寺地域仏教建造物と姫路城を世界文化遺産に決定
12月14日　政府がコメ市場の部分開放決定
12月16日　田中角栄元首相死去、七五歳

平成6年

1994

県内政治・経済

1月9日	常陸太田市長選で渡辺龍一無投票再選
1月25日	金砂郷町長選で成井光一郎無投票再選
1月31日	阿見町長の松島保死去
2月6日	高萩市長選で大久保清再選
3月11日	中村喜四郎前建設相、収賄容疑で逮捕
3月15日	友部町長の村上浩之助死去
3月20日	岩間町長選で柴山弘初当選
	阿見町長選で川田弘二初当選
4月11日	岩井市長選で石塚仁太郎初当選
	鹿島町長選で五十里武再選

県内社会・文化

1月27日	勝田・西塙遺跡から古墳時代のワラジ出土したと発表
2月9日	北茨城市じん肺訴訟第二陣、水戸地裁で和解
2月28日	関脇武双山が誕生、史上最短の出世
3月25日	県警、交番相談員（警官OB）委嘱を四月一日実施へ
4月4日	選抜高校野球大会で常総学院が準優勝
4月6日	つくば国際大学、土浦市に開学、入学式
4月15日	真壁城跡が国の史跡に
5月27日	十王ダム完成

国内・世界

1月17日	ロサンゼルスで大地震
1月29日	衆参両院本会議、政治改革四法を可決、成立
2月12日	冬季五輪リレハンメル大会開幕
	愛犬家連続殺人事件で殺害された五人全員の遺体発見
2月24日	リレハンメル五輪、ノルディックスキー複合団体で日本二連覇
2月28日	ラストエンペラーの実弟愛新覚羅溥傑死去、八六歳
3月21日	地球温暖化防止条約発効
3月31日	ロス疑惑事件の三浦被告に東京地裁無期懲役言い渡す

【県自然博物館オープン】
開館記念式典後に関係者に公開された県自然博物館＝1994年11月12日

4月17日 笠間市長の笹目宗兵衛が辞表提出
4月24日 友部町長選で常井貞利初当選
猿島町長選で木村好三選
4月28日 羽田内閣に二見伸明運輸大臣で入閣
竜神大吊り橋完成、一般開放
4月29日 旭村長選で米川一郎再選
5月29日 笠間市長選で磯良史初当選
6月2日 常磐新線プロジェクト推進協議会設立
6月5日 出島村長選で郡司豊廣初当選
岩瀬町長選で川那子明三再選
6月16日 常北町長の松崎和治死去
6月28日 伊奈町長選で飯島善無投票再選
7月7日 常磐新線沿線用地買収開始で合意
8月7日 常北町長選で阿久津勝紀初当選
8月11日 衆院小選挙区割り案で本県は七選挙区に
8月28日 玉里村長選で渡辺伸再選
9月4日 瓜連町長選で関谷哲生初当選
11月1日 ひたちなか市発足
11月13日 協和町長選で岡野英一三選
大洗町長選で竹内宏五選
11月15日 明野町長選で加倉井豊邦無投票再選
11月20日 茎崎町長選で寺田章初当選
北茨城市長選で豊田稔再選
11月27日 ひたちなか市長選で清水曻初当選
12月5日 真壁町長選で平間小四郎四選
12月11日 県議選で自民圧勝
里美村長選で荷見泰男再選
12月13日 大子町長選で黒田宏無投票三選

6月15日 鹿島アントラーズのジーコ引退へ。リーグ最終戦
6月22日 ジーコに内閣総理大臣顕彰
7月27日 夏の高校野球県大会で水戸商が優勝。三四年ぶりに甲子園へ
9月19日 石岡信用金庫本支店に銃弾三発撃ち込まれる
10月8日 鹿島町がジーコに名誉町民章贈る。一〇日にはカシマスタジアムで引退記念試合
10月21日 常陽銀行神栖支店で二千万円強奪
10月28日 秋葉原で常磐新線（つくばエクスプレス）の起工式
11月13日 県自然博物館開館
11月25日 つくば市妻子三人殺人容疑で医師の夫を逮捕
12月6日 前北茨城市長の松崎龍夫を収賄容疑で逮捕、同容疑者は一九日、拘置中に自殺

4月8日 細川首相、政治資金調達問題で追及され、退陣を表明
4月25日 細川内閣総辞職、新生党党首の羽田孜が首相に
4月26日 台北発名古屋行き中華航空機、名古屋空港で着陸失敗、炎上、二六四人死亡
4月28日 羽田内閣成立
5月6日 英仏間の海峡トンネル開通
5月10日 南アフリカ大統領に黒人のマンデラ就任
6月13日 米国訪問した天皇・皇后両陛下の歓迎式典、ホワイトハウスで開催
6月21日 ニューヨーク市場で一ドル＝九九円八五銭を記録、戦後初の一〇〇円割れ
6月25日 羽田内閣総辞職
6月27日 松本サリン事件発生、八人死亡
6月29日 首相指名投票で社会党委員長の村山富市が首相に
6月30日 村山内閣成立
7月8日 日本人女性初の宇宙飛行士向井千秋搭乗のスペースシャトル・コロンビア打ち上げ
北朝鮮主席の金日成死去
8月11日 衆院小選挙区三〇〇の区割り案最終決定、首相に勧告
9月14日 イチロー、プロ野球シーズン最多安打新記録達成
9月22日 エチオピアで猿人最古四四〇万年前の化石発掘

10月2日 アジア競技大会広島大会開幕
天皇・皇后両陛下、フランス、スペイン訪問に出発
10月4日 北海道東方沖地震M7・9、死者一人、けが二〇六人
10月13日 ノーベル文学賞に大江健三郎
11月23日 貴乃花六五代横綱に
12月8日 ウルグアイラウンド参加国、世界貿易機関の九五年一月一日発足を決定
12月10日 新進党結党大会
12月15日 清水寺、平等院など一七社寺・城「古都京都」が世界文化遺産に
12月28日 三陸はるか沖地震、八戸市で二人死亡

平成7年 1995

県内政治・経済

1月13日	新進党県連が発足
1月22日	玉造町長選で成島忠行初当選
	八郷町長選で桜井盾夫再選
	八千代町長選で大久保敏夫再選
	鉾田町長選で塙長一郎初当選
1月29日	結城市長選で荒井秀吉三選
	古河市長の針谷善吉死去
2月5日	那珂町長選で小宅近昭初当選
	潮来町長選で今泉和初当選
2月7日	桜川村長選で飯田稔無投票三選
2月12日	麻生町長選で栗又宏三再選
2月19日	小川町長選で伊能淑郎初当選
2月21日	茨城町長選で郡司和幸無投票再選

県内社会・文化

1月25日	石井藤吉郎が野球殿堂入り
2月14日	出島村で住宅全焼、小学生の姉妹焼死
2月21日	美野里町で男子中学生がいじめ自殺
2月22日	北浦大橋開通（県内最長一二九五・八㍍）
3月20日	日本芸術院会員で洋画家の服部正一郎死去、八七歳
4月1日	県立医療大学開学
	県近代美術館長に加藤貞雄
6月15日	土浦市で暴力団幹部ら三人射殺
6月24日	坂本弁護士一家の拉致殺害、教団幹部が犯行認める供述

国内・世界

1月17日	阪神淡路大震災発生、死者六四二五人
2月22日	最高裁、ロッキード裁判で田中角栄元首相への五億円贈賄確定
3月20日	地下鉄サリン事件発生、一三人死亡
3月22日	オウム真理教の関連施設を強制捜査
3月28日	三菱銀行と東京銀行の合併を発表。資金量世界最大の銀行となる
3月30日	警察庁長官、銃撃され重傷
4月9日	東京都知事選で青島幸男、大阪府知事選で横山ノックが初当選
4月10日	円高加速、一気に八〇円台
5月11日	日本のトキ絶滅が確定

【世界湖沼会議】
「人と湖沼の調和」をテーマに約80カ国が参加して開かれた第６回世界湖沼会議＝1995年10月23日、つくば市

3月2日　美野里町長選で島田穣一無投票再選
北茨城市の豊田稔市長、ゴルフ場開発にからみ、収賄容疑で逮捕
3月19日　古河市長選で小倉利三郎返り咲き
4月13日　県経営者協会会長に石川周
4月18日　山方町長選で根本嘉朗無投票四選
七会村長選で岩下金司無投票三選
美浦村長選で市川紀行無投票四選
新治村長選で御田寺義也無投票再選
4月23日　日立市長選で飯山利雄再選
水海道市長選で遠藤利初当選
取手市長選で大橋幸雄初当選
十王町長選で関義弘三選
波崎町長選で村田康博四選
境町長選で橋本正士五選
利根町長選で若泉隆志初当選
大野村長選で生井沢健二七選
6月4日　河内村長選で野高貴雄初当選
6月18日　北茨城市長選で村田省吾初当選
7月23日　参院選茨城選挙区で自民狩野安、新進小林元当選
9月1日　鹿嶋市誕生
9月10日　牛久市長選で大野喜男再選
10月1日　県地球環境保全行動条例施行
10月3日　知事、官官接待の原則廃止打ち出す
10月22日　下妻市長選で山中博無投票初当選
関城町長選で斎藤和夫五選
11月19日　土浦市長選で助川弘之三選
佐川一信前水戸市長死去、五五歳
11月26日　江戸崎町長選で筧信三選
12月3日　石岡市長選で木村芳城再選

6月27日　石岡信金発砲事件で暴力団組員ら三人逮捕
7月22日　民間では全国初の犯罪被害者を援助する水戸被害者援助センター開設
9月6日　坂本弁護士夫妻の遺体発見、九月一〇日同夫婦の子供の遺体発見
10月8日　今泉利拓前潮来町長を収賄容疑で逮捕
10月19日　北関東自動車道着工
10月23日　第六回世界湖沼会議・霞ヶ浦95、筑波大学で開幕（二七日まで）

5月15日　中国が地下核実験
5月16日　警視庁、オウム真理教代表の麻原彰晃を殺人容疑などで逮捕
5月28日　ロシア、サハリン北部で大地震
6月2日　メジャーのドジャース所属野茂英雄投手初勝利
6月21日　全日空機ハイジャックされ、函館空港に駐機、翌日警官突入、全員救出
6月29日　ソウル百貨店崩壊死傷者千人超える
7月11日　クリントン米大統領、ベトナムと国交樹立すると発表
7月23日　参院通常選挙で自民・社会不振、新進躍進
7月30日　八王子市のスーパー事務所でアルバイトの女子高生ら三人射殺
8月8日　村山改造内閣発足
8月11日　クリントン米大統領、核実験の全面中止を表明
8月17日　中国、五月に続いて地下核実験
8月29日　高速増殖炉もんじゅ、初送電
9月4日　沖縄で米兵による少女暴行事件
9月5日　仏政府、南太平洋ムルロア環礁で地下核実験
9月22日　自民党総裁に橋本龍太郎通産相選ぶ
10月30日　東京地裁、オウム真理教に解散命令
11月1日　食糧法施行、食管法廃止
11月4日　イスラエルのラビン首相暗殺
11月9日　米大リーグ、ドジャースの野茂英雄投手、ナ・リーグ新人王、日本人初
11月16日　韓国の盧泰愚前大統領、収賄容疑で逮捕

12月17日　つくば市長選で木村操再選
12月30日　矢田部理参院議員が社会党に離党届

12月３日　韓国、全斗煥元大統領を反乱首謀容疑で逮捕
12月６日　山口敏夫元労相、背任容疑で逮捕
12月７日　白川郷、五箇山の合掌造り集落の世界遺産登録を決定
12月８日　高速増殖炉もんじゅ、ナトリウム漏れ、原子炉停止
12月27日　新進党首に小沢一郎

平成8年

1996

県内政治・経済

1月11日	橋本内閣に梶山静六官房長官、塚原俊平通産大臣で入閣
1月18日	奥久慈グリーンライン林道の一部着工
1月30日	東京電力、常陸那珂火力発電所を日立製作所に発注を内定
1月31日	新県庁舎着工
3月3日	新社会党結成大会で本県選出の矢田部理を委員長に選出
3月6日	橋本知事、国際熱核融合実験炉の那珂町誘致を正式表明
4月9日	大宮町長選で矢数浩無投票三選
4月11日	つくば市の木村操市長、買収容疑で

県内社会・文化

1月25日	旧取手宿本陣、県指定有形文化財に
2月1日	波崎町と銚子市を結ぶ町営渡船、九〇年の歴史に幕
2月4日	加波山五ヘクタール焼く
3月3日	JR勝田駅前で県内初のミニFM実験放送
3月12日	北茨城じん肺訴訟第三陣、水戸地裁で和解
3月30日	大子町熊野神社・真弓神社で県指定無形民俗文化財の浅川のささら、二〇年ぶりに登場
4月1日	日立女子高が男女共学に移行。校名を明秀学園日立高に

国内・世界

1月5日	村山首相、退陣表明
1月11日	臨時国会召集、衆参両院本会議で橋本龍太郎自民党総裁を首相に選出、第一次橋本内閣成立
	日本人宇宙飛行士若田光一さん、米スペースシャトル「エンデバー」で出発
1月19日	社会党定期大会で新党名を社会民主党に決定
2月10日	北海道で国道のトンネル崩壊、路線バス埋まる。二〇人死亡
2月12日	作家司馬遼太郎死去、七二歳
2月14日	将棋の羽生善治名人、王将戦でタイ

【Jリーグ、鹿島初制覇】
悲願のJリーグチャンピオンの座に就き、栄光のJリーグ杯を掲げる鹿島のジョルジーニョ（右）とマジーニョ＝1996年11月9日、等々力競技場

逮捕
4月26日　常陽銀行と茨城中央信組、合併契約書に調印、一〇月一日合併
5月10日　八郷町の桜井盾夫町長、土地購入問題で収賄容疑で逮捕。島田重郎議長は贈賄容疑で逮捕
6月1日　新利根村、河内村、五霞村が町制に移行
6月22日　日本初の東海原発、九七年度末で運転停止、解体へ
6月30日　龍ケ崎市長選で海老原龍生無投票再選
石下町長選で飯塚富雄再選
7月9日　東村長選で成毛平昌無投票五選
桜井盾夫八郷町長辞職願提出
7月15日　桂村長選で大森藤和三選
8月3日　大洗町の竹内宏町長死去
8月5日　古河市議会で女性の共産党議長、全国初
8月25日　八郷町長選で関野和夫初当選
大洋村長選で石津政雄三選
9月1日　総和町長選で菅谷憲一郎初当選
大和村長選で飯島輝信三選
9月22日　大洗町長選で小谷隆亮初当選
10月1日　木村つくば市長が辞職願
10月6日　牛堀町長選で森内捷夫三選
10月15日　美和村長選で大瀧典夫無投票四選
10月20日　衆院選挙茨城選挙区で自民六議席、新進、民主は惨敗
水府村長選で平山嘉郎四選
10月22日　緒川村長選で内田善博無投票初当選

4月18日　古河署で警官短銃自殺
4月26日　関城町の女子中学生がいじめ自殺
6月26日　前総務部長による横領容疑で勝田信組本店を捜索
7月15日　下館に竜巻、一六人負傷、家屋二〇〇棟損壊
8月15日　水戸市で観測史上最高の三八・四度
9月22日　台風一七号で県内死者一人、八人負傷、鹿島神宮東神門全壊、国指定文化財の仮殿一部損壊
10月27日　百里基地で初の航空観閲式
11月9日　鹿島アントラーズがJリーグ初制覇
12月3日　県立医療大学付属病院開院
12月25日　二〇〇二年サッカーW杯日韓共催で鹿嶋市が開催都市に決まる

トル奪取、史上初の七冠達成
2月23日　新潟水俣病二次訴訟で原告と昭和電工が和解成立
2月28日　ダイアナ英皇太子妃、離婚に合意
3月29日　東京HIV訴訟、国と製薬会社が「おわび」、和解。一時金は原告一人あたり四五〇〇万円
4月12日　橋本首相とモンデール駐日米国大使、普天間飛行場の五年ないし七年以内全面返還を発表
5月13日　川崎市、職員採用試験で国籍条項撤廃を決定
5月19日　中学野球、女子も全国大会出場認められる
5月31日　サッカー二〇〇二年W杯の日韓共催決まる
6月8日　中国、地下核実験
6月13日　福岡空港でインドネシア機離陸に失敗、炎上、三人死亡
6月18日　住専処理法が成立
7月4日　ロシア大統領選でエリツィン再選
7月19日　夏季五輪アトランタ大会開幕
8月4日　新潟県巻町で原発建設の賛否を問う全国初の住民投票、反対六割超える
俳優の渥美清死去
8月29日　東京地検、薬害エイズ事件で前帝京大学副学長を業務上過失致死容疑で逮捕。九月一九日大阪地検、同容疑で製薬会社ミドリ十字元社長ら逮捕。一〇月四日東京地検、同容疑で元厚生省課長を逮捕

10月27日　下館市長選で冨山省三初当選
　御前山村長選で森戸栄初当選
11月5日　守谷町長選で会田真一無投票再選
11月7日　新利根町長の内藤謙吉が辞職願
11月12日　霞ヶ浦導水事業、水戸トンネル貫通
11月17日　つくば市長選で藤沢順一初当選
11月27日　茨城県上海事務所を開設
12月2日　水戸南ICと水戸大洗IC間五・四キロの東水戸道路開通
12月13日　百里基地の民間共有化、国の計画に盛り込まれる
12月22日　新利根町長選で坪井和夫初当選
　北浦村長選で磯山伸知四選

9月3日　米軍、イラクを攻撃
9月8日　沖縄で県民投票。基地縮小に賛成多数
9月27日　衆院解散
10月1日　通信衛星による国内初のデジタル多チャンネル放送の「パーフェクトTV」が本放送開始
10月20日　小選挙区比例代表並立制初の総選挙で自民過半数に届かず
11月5日　米大統領選でクリントン再選
11月7日　第二次橋本内閣発足
12月4日　警視庁、厚生省前事務次官を収賄容疑で逮捕
12月5日　原爆ドーム、厳島神社が世界遺産に
12月17日　ペルーの日本大使公邸をゲリラが襲撃、青木盛久大使や天皇誕生日祝宴の賓客を監禁

平成9年 1997

県内政治・経済

1月28日 常陸那珂港でふ頭埋め立て工事始まる
2月18日 千代川村長選で永瀬純一無投票五選
2月20日 水府村長の平山嘉郎死去
3月11日 結城市の荒井秀吉市長死去
3月17日 明野町の加倉井豊邦町長が辞表提出
3月25日 千代田町長選で鈴木三男無投票再選
4月8日 明野町長選で古宇田和夫無投票初当選
4月13日 水府村長選で根本正人初当選
4月15日 内原町長選で大関茂無投票三選
4月21日 東町長の成毛平昌、交通事故死
4月25日 皇太子ご夫妻来県、県立医療大、歴

県内社会・文化

1月14日 茨城高専で実験中に爆発、女子学生ら二人重傷
1月20日 つくばでカジノバー摘発、バカラとばくで四〇人逮捕
2月13日 九八年のNHK大河ドラマ「徳川慶喜」に決定
2月14日 水戸にミニFM、県内初、三月二日放送開始へ
2月27日 融資装い四千万円詐取の元銀行員逮捕
桂・御前山・七会村境界で山林三六ヘクタール焼失
3月11日 動燃東海で火災爆発事故、三七人被

国内・世界

1月2日 島根県沖でロシア船籍タンカー沈没、重油大量流出、漂着
1月5日 ロシア軍、チェチェン共和国から二年ぶりに撤退
2月12日 北朝鮮の黄長燁労働党中央書記、北京で韓国大使館に亡命
2月17日 三井三池炭鉱、三月三〇日閉山決定
2月18日 レバノン当局、日本赤軍幹部五人を拘束
2月19日 中国最高実力者鄧小平死去、九二歳
2月23日 英国ロスリン研究所、クローン羊づくりに成功したことを公表
3月22日 秋田新幹線「こまち」開業

【県天心記念五浦美術館開館】
県天心記念五浦美術館の開館記念展「天心と五浦の作家たち」を鑑賞する開館式典参加者＝1997年11月7日、北茨城市

史館視察
4月27日　結城市長選で平塚明初当選
5月22日　トヨタカローラ茨城、負債二〇〇億円で倒産
5月23日　県議会副議長の細谷武男死去
6月1日　藤代町長選で小林靖男再選
　東町長選で坂本允初当選
6月11日　東海村の須藤富雄村長引退
6月18日　県副知事、茨城文化団体連合会長などを務めた山本満男水戸信金理事長死去、七二歳
8月19日　動燃新法人、本社は東海村と決定
8月31日　三和町長選で舘野喜重郎再選
9月6日　竹内精一元副知事死去、七二歳
9月14日　県知事選で橋本昌再選
　東海村長選で村上達也初当選
10月5日　水戸市長選で岡田広再選
10月26日　谷和原村長選で飯島文彦三選
10月27日　前年の龍ケ崎市長選で無投票工作した石岡市課長、市議を逮捕
11月11日　龍ケ崎市の海老原龍生市長、買収容疑で逮捕
11月13日　三井不動産元社長、江戸英雄死去（つくば市出身）
11月16日　神栖町長選で岡野敬四郎再選
11月21日　ダイオキシン被害で新利根町の焼却場周辺住民、操業停止求め提訴、全国初
12月1日　海老原龍ケ崎市長が辞職願
12月15日　五霞町長選で大谷隆照初当選
12月19日　衆院議員の塚原俊平死去

ばく、外部に放射能漏れ
4月7日　日立で久慈川の橋渡る途中の車転落、母子四人水死
4月8日　潮来出身でパリ在住の洋画家、村山密にドヌール勲章決まる
4月16日　科技庁、動燃を虚偽報告容疑で県警に告発
4月23日　県警、動燃を強制捜査
5月29日　日立風流物の大改修決定
6月1日　つくばの会社員ら無補給で北極点にソリで到達
6月16日　作家の住井すゑ死去、九五歳
7月3日　美浦まきば病院長ら三人、診療報酬六億円の詐欺容疑で逮捕
8月8日　下館市のJA北つくば本店で現金輸送車襲われ、二億二二〇〇万円強奪
8月21日　陸自ヘリと小型機、龍ケ崎上空で接触し墜落、三人死亡
8月26日　動燃東海でドラム缶三〇年放置し、放射性物質大量漏洩判明
9月1日　つくば市の豊里中で体育館全焼。放火の疑い
9月8日　桜川村の霞台CCでプレー中の三人が落雷で死亡
10月12日　下館市で超軽量機墜落し、二人死亡
10月14日　動燃、東海事業所事故や管理問題で一四人処分
10月25日　常陸大宮の「西塩子の回り舞台」半世紀ぶりに復元、上演
11月8日　県天心記念五浦美術館開館
11月21日　阪神タイガース、ドラフト会議で水

4月1日　消費税率五％へ引き上げ
4月11日　厚生省、排煙に含まれるダイオキシン濃度の高い七二カ所のごみ焼却場名を公表
4月17日　韓国大法院、光州事件の上告審で上告を棄却、全斗煥元大統領の無期懲役、盧泰愚前大統領の懲役一七年が確定
4月22日　ペルー日本大使公邸占拠事件で、ペルー政府、犯人全員射殺し、人質を救出
4月25日　大蔵省、日産生命保険に業務停止命令、生保初の経営破たん
5月1日　英国総選挙、労働党が圧勝、首相にブレア党首
5月27日　神戸市で小六男子の切断遺体見つかる
6月1日　仏選挙、左翼陣営勝利、ジョスパンを首相に
6月11日　改正独禁法成立、持ち株会社解禁へ
6月16日　金融監督庁設置関連法成立
6月17日　臓器移植法が成立
6月28日　神戸市の小六殺害容疑で一四歳少年を逮捕
7月1日　香港、中国に返還。英統治に幕、一世紀半ぶり
8月31日　ダイアナ元英国皇太子妃、パリで交通事故死
9月5日　ノーベル平和賞受賞のマザー・テレサ死去、八七歳
9月11日　第二次橋本改造内閣発足

12月26日　三菱原燃、東海村に本社移転決定

戸商の井川慶投手二位指名
11月25日　筑波大で父子の生体肝移植実施
12月29日　舘野三和町長、自宅で就寝中に襲われけが

9月18日　ヤオハンジャパン倒産
　対人地雷全面禁止条約、オスロで採択
10月1日　長野新幹線開業
10月8日　金正日、北朝鮮党総書記に就任
10月15日　臓器移植法施行
11月12日　国連安保理、イラク制裁決議を採択
11月17日　北海道拓殖銀行、北洋銀行への営業権譲渡を発表、都市銀行初の破綻
　イスラム過激派、エジプト・ルクソールで銃を無差別発砲し、日本人一〇人含む観光客六〇人殺害
11月24日　山一證券経営破たん
11月25日　日本人宇宙飛行士土井隆雄、NASAスペースシャトル「コロンビア」で日本人初の宇宙遊泳
12月1日　地球温暖化防止京都会議開会
12月9日　介護保険法、可決成立
12月18日　東京湾アクアライン開通
12月19日　韓国大統領選挙、野党国民会議の金大中が当選
12月27日　新進党が解党決定

平成10年

1998

県内政治・経済

1月11日	常陸太田市長選で渡辺龍一無投票三選
1月15日	結城市選出の遠井光雄県議死去
1月18日	龍ケ崎市長選で串田武久初当選
1月27日	金砂郷町長選で成井光一郎無投票三選
2月1日	衆院五区補選で岡部英男初当選 高萩市長選で大久保清三選
2月17日	岩間町長選で柴山弘無投票再選
2月22日	阿見町長選で川田弘二再選
3月5日	水戸市が下水道問題で「那珂久慈流域下水道」参入を表明
3月7日	江戸崎町議長を議長選をめぐる贈賄

県内社会・文化

1月1日	鹿島、サッカー天皇杯初制覇
1月11日	大河ドラマ「徳川慶喜」展示館が水戸市内にオープン
1月30日	日本人宇宙飛行士として初めて宇宙遊泳を行った土井隆雄さんが県民栄誉賞受賞
4月11日	大子町で山車にワゴン車突っ込み五人死亡、二三人重軽傷
4月15日	阿見町の郵便局に強盗、局長刺され死亡
5月6日	JA北つくば二億二〇〇〇万円強奪容疑で五人逮捕
5月27日	鹿嶋で工場爆発、六人死傷

国内・世界

1月28日	大蔵省汚職事件の責任をとり、三塚博大臣辞任
1月30日	大蔵大臣に松永光
2月7日	長野五輪開幕
2月10日	男子五〇〇メートルで清水宏保金メダル。スケートで日本初
2月11日	フリースタイル女子モーグル里谷多英金メダル
2月17日	スキージャンプ団体で日本が金メダル
2月22日	長野五輪閉幕。金五などメダル最多の一〇
3月10日	インドネシアでスハルト大統領無投

【那珂川氾濫】
那珂川の水害で住宅地内をボートで巡り逃げ遅れた住民を避難させる消防署員＝1998年８月28日、水戸市水府町

容疑で逮捕
3月14日 JR常磐線「ひたち野うしく駅」開業
3月29日 友部町長選で川上好孝初当選
3月31日 東海原発運転停止、廃炉へ
4月12日 鹿嶋市長選で内田俊郎初当選
岩井市長選で石塚仁太郎再選
4月21日 猿島町長選で木村好無投票四選
4月26日 旭村長選で小松崎俊初当選
5月10日 笠間市長選で磯良史無投票再選
5月19日 霞ヶ浦町長選で郡司豊廣無投票再選
5月26日 岩瀬町長選で川那子明三無投票三選
6月20日 旭村の小松崎俊村長を買収容疑で逮捕
6月28日 伊奈町長選で飯島善三選
7月6日 小松崎旭村長が辞職願
7月12日 参院選で郡司彰、久野恒一当選
7月26日 常北町長選で阿久津勝紀再選
7月30日 小渕内閣に額賀福志郎防衛庁長官で入閣
8月23日 旭村長選で酒井長敬初当選
玉里村長選で渡辺伸三選
8月30日 瓜連町長選で関谷哲生再選
10月1日 動燃三一年の歴史に幕、新法人「核燃料サイクル開発機構」として再スタート
11月1日 ひたちなか市長選で清水昇無投票再選
11月15日 協和町長選で岡野英一四選
11月20日 額賀福志郎防衛庁長官、同庁の背任事件の責任をとり引責辞任

6月8日 水戸の金融業者射殺事件で一三年目に組長ら逮捕
6月10日 本県出身の作曲家、吉田正死去、国民栄誉賞内定
6月13日 水戸芸術館を運営する水戸市芸術振興財団の理事長に就任した森英恵さん会見
7月17日 古河市の篆刻美術館、国の登録文化財に
7月20日 瓜連の老人ホームで入所者が他の入所者三人刺殺
8月28日 那珂川氾濫、一〇〇〇戸浸水、四万人避難勧告
9月8日 長寿番付で金砂郷町の石崎傳蔵さん、男子長寿日本一の一一一歳
10月17日 ゆうあいピック茨城大会、笠松運動公園で開幕
11月9日 伊奈町にメディアパークシティ、事業主体の三セク設立
11月15日 茨城NPO法人コモンズ設立
11月22日 雅山が十両優勝、史上初の三場所連続優勝
12月15日 ひたちなか市の中一男子、いじめを苦に首つり自殺
12月17日 新利根町のごみ焼却場がダイオキシン問題をめぐり操業停止

票七選
3月11日 東京地検特捜部は一月から三月一一日にかけて大蔵省、日銀中堅幹部らを銀行や証券会社からの接待を受けたとして収賄容疑で逮捕。大蔵省では一一二人、日銀では九八人が処分
3月12日 日銀汚職で松下康雄総裁が辞意
4月1日 改正外為法と新日銀法が施行、日本版ビッグバンスタート
4月19日 橋本首相とエリツィン・ロシア大統領、平和条約包括化に合意
4月27日 新「民主党」結党
5月7日 世界的企業ダイムラー・ベンツとクライスラーが合併発表
5月11日 インドが二四年ぶりに地下核実験、世界六番目の核保有国になったと一五日表明。パキスタンも対抗し二八日に地下核実験を実施、七番目の核保有国となったと宣言
5月12日 サッカーくじ法成立
5月21日 インドネシアのスハルト大統領は、学生らが経済危機に怒り、暴動を起こしたことで辞任を発表、三〇年余続いたスハルト体制が崩壊した
6月26日 日本、サッカーW杯初出場、全敗
7月12日 参院選で自民惨敗
7月13日 橋本首相退陣表明
7月24日 自民党総裁に小渕恵三。梶山、小泉敗れる
7月25日 和歌山でカレーに毒物。四人死亡
7月30日 小渕内閣発足

11月22日　茎崎町長選で栗原正光初当選
12月6日　真壁町長選で平間小四郎五選
12月13日　里美村長選で佐川卓政初当選
大子町長選で飯村精造初当選
県議選で自民四七、民主七、共産三など六六議席決まる
12月21日　常陸那珂港開港、第一船入港
12月22日　県庁舎完成、県に引渡し
12月26日　波崎町に発電能力日本一の風力発電機二基完成し、本格稼動

8月31日　北朝鮮ミサイル打ち上げ、太平洋上に落下、九月五日、金正日最高指導者に
9月3日　防衛庁元幹部を背任容疑で東京地検が逮捕
9月6日　黒澤明監督死去、八八歳
9月　アジア経済危機が世界に波及し、九月には中南米にも波及
9月27日　米大リーグでカージナルスのマーク・マグワイア選手が七〇本塁打新記録
ドイツ総選挙で社民党が勝利、一六年ぶりに政権交代。コール首相退陣
10月5日　戦後最悪の不況、過去最大の景気対策。株価が一万三〇〇〇円を割り込む
10月23日　長銀が破綻、国有化決まる
11月19日　自自連立政権樹立へ。自民党の小渕恵三首相と自由党の小沢一郎党首が連立政権で合意
12月9日　和歌山毒物カレー事件で林真須美容疑者を殺人、殺人未遂容疑で再逮捕
12月13日　日債銀が破綻、国有化
12月17日　米英両軍はイラクの大量破壊兵器関連施設や軍事施設を標的に、湾岸戦争以来、最大規模の空爆を行う

平成11年 1999

県内政治・経済

1月10日　八千代町長選で大久保司初当選
1月17日　玉造町長選で成島忠行再選
1月20日　常北町長、水戸市との合併協議休止方針
1月24日　鉾田町長に小室光返り咲き
1月26日　那珂町長選で小宅近昭無投票再選
2月5日　四月から核燃料等取扱税を新設。知事表明
2月7日　潮来町長選で今泉和再選
2月9日　小川町長選で伊能淑郎無投票再選
　　　　桜川村長選で飯田稔無投票四選
2月21日　麻生町長選で横山忠市初当選
2月23日　美野里町長選で島田穣一無投票三選

県内社会・文化

1月22日　雅山、幕下、十両で四場所連続優勝、新入幕へ
1月23日　鹿島臨海鉄道に初の女性運転士誕生
2月21日　土浦市の老舗百貨店小網屋が閉店
3月19日　日立市の旧共楽館が国の登録文化財に
3月26日　春の全国高校バレーボール選抜優勝大会で大成女子高が準優勝
4月4日　水戸商、センバツ準優勝、県立高初
4月29日　男性長寿日本一の金砂郷町の石崎傳蔵さん死去、一一二歳
4月30日　インドネシアで事故装い保険金殺人、四人逮捕

国内・世界

1月1日　欧州連合（EU）のドイツ、フランスなど一一カ国が単一通貨ユーロを導入
1月14日　小渕改造内閣、自自連立で発足
1月24日　米ソルトレークシティー冬季五輪の誘致をめぐる買収疑惑が浮かび上がり、IOCのサマランチ会長は六人のIOC委員の追放処分を勧告
2月12日　クリントン米大統領の不倫もみ消し疑惑で、弾劾法廷が無罪評決
2月28日　日本で初の脳死移植、高知赤十字病院の脳死患者から臓器提供を受け、大阪大学病院で心臓の移植手術が行

【JCO臨界事故】
JCOの臨界事故で、防護服を着て交通規制に当たる警察官＝1999年９月30日、ひたちなか市

2月28日　茨城町長選で木村睦初当選
3月24日　新県庁舎落成式
4月1日　日立製作所が工場という名称を廃止、事業部制に
4月2日　高萩市選出の小田木真一県議死去
4月7日　県庁三の丸庁舎閉庁式、一二八年に幕
4月8日　新県庁舎、県警本部の開庁式行う
4月20日　境町長選で橋本正士無投票六選
七会村長選で阿久津藤男無投票初当選
新治村長選で御田寺義也無投票三選
4月26日　日立市長選で樫村千秋初当選
取手市長選で大橋幸雄再選
水海道市長選で遠藤利再選
古河市長選で小久保忠男初当選
山方町長選で三次真一郎初当選
波崎町長選で村田康博五選
十王町長選で和田浩一初当選
利根町長選で遠山務初当選
美浦村長選で上野武雄初当選
5月16日　小田木県議死去に伴う県議補選で小田木真代初当選
5月30日　北茨城市長選で村田省吾無投票再選
旭村議会リコール成立、住民投票賛成が圧倒
6月1日　河内町長選で野高貴雄無投票再選
つくば市に国際会議場オープン
6月25日　関東一都六県と山梨県の労働金庫の合併承認。二〇〇一年四月予定
7月22日　東水戸道が全線開通

6月29日　JA県四連会長に本橋元就任
6月30日　野球殿堂入りの石井藤吉郎死去、七五歳
7月24日　ヨハネス・ブラームス合唱大会で水戸二高コーラス部優勝
9月30日　東海村のJCOで臨界事故。のちに被ばくした作業員二人死亡
10月10日　守谷町で超軽量機墜落二人死亡
10月15日　県人口三〇〇万人到達
10月17日　水戸の県道で乗用車が立ち木に衝突、三人死亡
11月16日　水戸ホーリーホックJ2昇格
11月19日　鹿島港に車転落し五人死亡
12月14日　GHQに接収された刀剣「赤羽刀」が全国の博物館に無償譲渡され、本県には五一本が里帰り
12月21日　臨界事故の被ばく作業員死亡
12月22日　雅山が新小結、武双山は関脇復帰

われた。肝臓なども提供
3月24日　能登沖で領海侵犯した不審船に海上自衛隊が警告射撃
NATO、ユーゴ空爆
4月11日　東京都知事に石原慎太郎
4月14日　山口県光市で母子殺害事件。一八歳少年逮捕
5月6日　画家東山魁夷死去
5月7日　情報公開法成立
5月24日　日米防衛の新指針関連法成立
6月10日　東京地検が日本長期信用銀行の元頭取ら三人を証券取引法違反容疑で逮捕
6月15日　北朝鮮と韓国の艦艇が銃撃戦
7月1日　NTTが四社に再編成しスタート
九八年の自殺者が三万人突破。警察庁まとめ
7月8日　省庁再編法と地方分権整備法が成立。二〇〇一年から施行
7月23日　東京地検が日本債券信用銀行の前会長らを証取法違反で逮捕
8月9日　日の丸を国旗、君が代を国歌と定めた国旗国歌法が成立
8月12日　通信傍受法、改正住民基本台帳法が成立
8月17日　トルコで大地震。死者一万三千人超える
8月20日　第一勧業銀行、富士銀行、日本興業銀行が二〇〇二年春の統合と発表
9月21日　台湾で大地震。死者二〇〇〇人超える

8月5日　橋本知事、緒川ダムの中止宣言
9月1日　スーパーのハイマートとたいらや合併
9月12日　牛久市長選で大野喜男三選
　　　　鉾田町長の小室光容疑者、買収容疑で逮捕
9月21日　小室鉾田町長が辞職願
10月5日　小渕内閣に丹羽雄哉厚生大臣で入閣
10月19日　関城町長選で斎藤和夫無投票六選
10月21日　谷和原村長の飯島文彦容疑者を収賄容疑で逮捕
10月31日　出直し鉾田町長選で鬼沢保平初当選
11月14日　土浦市長選で助川弘之四選
　　　　下妻市長選で山中博無投票再選
11月28日　石岡市長選で木村芳城三選
　　　　江戸崎町長選で筧信四選
12月19日　谷和原村長選で鈴木亮寛初当選

9月24日　台風一八号、死者二五人
9月25日　民主党新代表に鳩山由紀夫
10月5日　小渕再改造内閣が自民、自由、公明三党連立で成立
10月12日　パキスタンでクーデター、軍が全権
10月14日　住友銀行とさくら銀行が二〇〇二年合併と発表
10月25日　八月にキルギスでイスラム武装勢力に拉致された邦人四人解放
10月26日　埼玉県桶川市で女子大生が元交際相手にストーカー行為を受け、その関係者に殺害される
12月10日　神奈川県警で不祥事相次ぎ、事件つぶしで元本部長ら五人起訴
12月13日　原子力災害対策法が成立
12月31日　エリツィン・ロシア大統領辞任

平成12年 2000

県内政治・経済

1月12日 県三の丸庁舎が開庁
1月20日 県、行革大綱骨子案提示、職員二三六〇人削減へ
1月23日 東海村議選で脱原発派の村議誕生
3月18日 北関東自動車道友部JCT—水戸南IC間開通
4月5日 森内閣に丹羽雄哉厚生大臣で入閣
4月11日 大宮町長選で矢数浩無投票四選
4月25日 梶山静六元官房長官引退表明
4月30日 元参院議員、岩上妙子死去、八二歳
6月6日 梶山静六元官房長官死去、七四歳
6月20日 石下町長選で飯塚富雄無投票三選
6月25日 衆院選で梶山弘志初当選
7月16日 桂村長選で金長義郎初当選
7月30日 八郷町長選で関野和夫再選
7月31日 神栖町議会、鹿島地域三市町合併協設置案否決
8月3日 県が「緒川ダム」建設事業の中止決定

県内社会・文化

1月5日 御前山村の常陽銀行支店に強盗、三〇〇万円奪う
1月23日 関脇武双山、大相撲初場所で初優勝
2月17日 本県初の私立通信制高校の四月開校決定
3月1日 日立市で放火、一家四人やけど
3月10日 ひたちなか市出身の日本画家那波多目功一に日本芸術院賞
3月29日 筑波大病院で県内初の脳死移植
大相撲春場所で関脇武双山一二勝、夏場所の大関昇進決定、本県では大内山以来四五年ぶり
4月10日 伊勢甚水戸店撤退へ。跡地に水戸京成百貨店移築
4月21日 伊奈町に「ワープステーション江戸」オープン
4月27日 JCO臨界事故被ばく作業員死亡、二人目
4月29日 常磐道友部サービスエリア近くで多

国内・世界

1月1日 コンピューター二〇〇〇年問題、重大な異常なし
1月13日 米マイクロソフトのCEOビル・ゲイツ退任発表
1月28日 新潟県で九年二カ月監禁された少女が発見された
2月11日 新潟県女性監禁事件、三七歳男逮捕
2月13日 グリコ・森永事件最終時効成立
3月8日 地下鉄日比谷線・中目黒駅近くで脱線・衝突し五人死亡
3月18日 台湾新総統に台湾独立を掲げる民主進歩党の陳水扁選出
3月27日 ロシア大統領選でプーチン大統領代行兼首相が当選
3月28日 年金六五歳支給などを盛り込んだ年金改正法成立
3月31日 有珠山二三年ぶりに噴火
4月1日 介護保険制度スタート
4月4日 小渕首相脳梗塞、内閣総辞職

【武双山、雅山が大関に】
弟弟子らの騎馬に乗り、大関昇進の喜びを表す武双山関＝2000年3月29日、大阪市の武蔵川部屋宿舎

8月27日	大洋村長選で石津政雄四選
9月3日	総和町長選で菅谷憲一郎再選
	大和村長選で飯島輝信四選
9月5日	大洗町長選で小谷隆亮無投票再選
10月3日	牛堀町長選で森内捷夫無投票四選
10月10日	美和村長選で大瀧典夫無投票五選
10月15日	下館市長選で冨山省三再選
10月24日	緒川村長選で内田善博無投票再選
10月29日	御前山村長選で長山安隆初当選
11月12日	つくば市長選で藤沢順一再選
11月14日	守谷町長選で会田真一三選
12月5日	森改造内閣に額賀福志郎経済財政担当大臣で入閣
12月9日	千代田町で県内初の休日議会
12月10日	天皇・皇后両陛下、つくば市で開催された酸性雨国際学会に出席、県内視察
12月17日	新利根町長選で浦口勇初当選
12月23日	北浦町長選で伊藤孝一初当選

	重事故、七人死傷
5月24日	関脇雅山、夏場所一一勝し、名古屋場所の大関昇進決定
6月26日	石岡市の総合福祉センターで五月末から六月に入浴した一四人がレジオネラ症を発症、三人死亡
8月7日	FMかしま放送開始
8月12日	ひたちなか市で第一回ロック・イン・ジャパンフェスティバル
9月15日	元関脇の水戸泉引退
9月19日	本県出身の滝本誠が柔道八一キロ級でシドニー五輪金メダル
10月10日	白川英樹筑波大学名誉教授にノーベル化学賞
10月11日	臨界事故でJCO元幹部ら六人逮捕、原子力事故で初の業過致死
11月20日	核燃機構の東海再処理施設が三年八カ月ぶり運転再開
12月2日	常磐道で逆走二人死亡
12月9日	鹿島アントラーズ、三度目の年間優勝

4月5日	森喜朗を首相指名、内閣発足
5月3日	西鉄バス乗っ取りで一七歳少年逮捕
5月7日	プーチン・ロシア大統領就任
5月14日	小渕恵三前首相が死去、六二歳
6月13日	韓国の金大中大統領が北朝鮮を訪ね金正日総書記と会談。初の南北首脳会談を実現
6月16日	皇太后さまご逝去、九七歳
6月19日	竹下登元首相死去、七六歳
6月25日	衆院選で自公保が絶対安定多数
7月4日	首相に森喜朗、第二次森内閣発足
8月11日	日銀、ゼロ金利解除
8月14日	ロシア新鋭原子力潜水艦がバレンツ海で演習中に沈没、乗員一八〇人死亡
8月18日	三宅島で大規模噴火
9月3日	噴火が続く三宅島の大半の住民が島から避難
9月15日	シドニー五輪開幕
9月24日	女子マラソンで高橋尚子が女子陸上初の金メダル
9月	携帯電話向けインターネットサービスのiモードが爆発的にヒット
10月10日	白川英樹にノーベル化学賞
11月5日	東北旧石器文化研究所の副理事長が宮城県と北海道の遺跡で旧石器発掘ねつ造したことが発覚
11月8日	日本赤軍最高幹部の重信房子逮捕
12月5日	第二次森改造内閣発足
12月13日	米大統領に共和党のブッシュ。大接戦となった一一月の選挙に勝利確定
12月31日	東京・世田谷で一家四人殺害

平成13年 2001

県内政治・経済

1月23日	額賀経済財政相、KSD問題で引責辞任
2月1日	木村好猿島町長、健康上の理由で辞表提出
2月18日	千代川村長選で永瀬純一六選
3月20日	明野町長選で古宇田和夫無投票再選
	千代田町長選で鈴木三男無投票三選
3月25日	猿島町長選で野口正夫初当選
	水府村長選で根本正人再選
4月1日	潮来町と牛堀町が合併し、潮来市に
	結城市長選で平塚明無投票再選
4月22日	内原町長選で大関茂四選
5月15日	東町長選で坂本充無投票再選
5月16日	県立カシマサッカースタジアム、増築・改修工事が竣工し公開
6月3日	藤代町長選で小林靖男三選
6月14日	筑南水道企業団元次長を一〇〇億円詐欺容疑で逮捕

県内社会・文化

1月1日	鹿島アントラーズ、天皇杯制し、ナビスコ杯、年間王者と三冠、Jリーグ初の快挙
1月31日	春のセンバツに常総、水戸商、藤代三校出場決定、史上初
2月2日	常磐新線の名称「つくばエクスプレス」に決定
2月13日	北茨城市のホテルの露天風呂で女性二人水死
2月25日	木村武山の杉戸絵一九枚発見、県近代美術館に寄託、五月公開
4月4日	常総学院センバツ初優勝
4月23日	臨界事故で水戸地裁初公判、全被告が起訴事実認める
5月8日	県立中央病院、放射線検査センター完成し公開
5月22日	県南拠点の茨城観光自動車、五月末に路線バスから撤退

国内・世界

1月6日	一府一二省庁スタート
1月21日	ブッシュ米大統領就任。親子二代
2月9日	愛媛県立宇和島水産高校の「えひめ丸」、ハワイ沖で米原子力潜水艦と衝突、沈没。九人が犠牲に
4月26日	首相に小泉純一郎選出、内閣が発足
5月11日	ハンセン病国家賠償訴訟で、熊本地裁は原告側全面勝訴の判決
6月8日	大阪教育大附属池田小学校に刃物を持った男が乱入し、二三人を殺傷
7月13日	二〇〇八年夏季五輪の開催地に北京が選ばれる
7月21日	明石市の花火大会会場近くの歩道橋で転倒事故、一一人死亡
7月29日	参院選で自民大勝
9月1日	新宿・歌舞伎町で雑居ビル火災、四四人死亡
9月11日	米の世界貿易センターのツインタワ

【常総学院、センバツ初優勝】
選抜高校野球大会で初優勝を決め、マウンドに集まり抱き合って喜ぶ常総学院高の選手たち＝2001年4月4日、甲子園

6月30日　県立三病院、初の単年度黒字、累積赤字なお三七億超
7月4日　東海第二原発訴訟、東京高裁は住民側の控訴棄却
7月29日　参院選で狩野安、小林元当選
8月21日　東海村長選で村上達也無投票再選
8月26日　三和町長選で舘野喜重郎三選
8月31日　日立製作所一万四七〇〇人リストラ発表
9月16日　県知事選で橋本昌三選
10月1日　協和町の岡野英一町長、収賄容疑で逮捕
10月14日　水戸市長選で岡田広三選
10月19日　阿字ヶ浦砂浜五四メートル後退、対策委発足へ
10月26日　関東、茨城、つくばの三銀行包括的業務提携に合意
11月11日　神栖町長選で岡野敬四郎三選
11月12日　つくば市と茎崎町合併協定書に調印
12月9日　協和町長選で大木均初当選
12月11日　五霞町長選で大谷隆照無投票再選
12月23日　龍ケ崎市長選で串田武久再選

5月24日　石岡市の総合福祉センターで大量雑菌検出明らかに
6月15日　人間国宝に一中節三味線の宇治文蝶（水戸市）
6月23日　水戸・保和苑の二十三夜尊山門にダンプ突っ込み大破
7月19日　常陸太田市の武藤建設が再生法申請、負債総額一〇〇億円
8月23日　土浦市の小網屋が特別清算申請、負債総額五九億五五〇〇万円
9月23日　長久保赤水の日本地図二九点、欧米で所蔵していることが判明
9月24日　潮来市で正面衝突、五人死亡、一人重体
9月28日　日本女性会議2001、水戸市で開幕
10月3日　つくばエクスプレスを運営する首都圏新都市鉄道、破綻したマイカル社債を保有していることが判明。一一〇億円の焦げ付きに
10月4日　原電、東海発電所の原子炉解体届を国に提出
11月17日　水戸ホーリーホックを存続させる会発足
12月3日　土浦市、土浦藩主の刀剣八三振り三億円で購入、国宝の短刀も
12月4日　原電東海、商業炉初の解体作業開始
12月6日　布川事件、二度目の再審請求
12月7日　水戸ホーリーホックJ2存続決定
12月8日　鹿島アントラーズ、四度目の年間王者

ービルにイスラム過激派に乗っ取られた旅客機二機が相次ぎ突入、多数の死傷者を出した
9月22日　国内初の狂牛病の可能性があった千葉県の乳牛を狂牛病と断定
9月下旬　一〇月にかけ米で炭疽菌テロ。郵便局員ら五人死亡
10月7日　米英、アフガニスタンを空爆。米中枢同時テロで、アフガンを拠点とするアルカイダを匿っているタリバン政権への報復
10月29日　モロッコで開催された気候変動枠組み条約第七回締約国会議が開会、京都議定書発効合意
10月30日　不況深刻化、九月の完全失業率は戦後最悪の五・三％に達した
11月20日　米大リーグ、ア・リーグの最優秀選手にシアトルマリナーズのイチロー外野手。日本人選手初の新人王、首位打者、盗塁王なども同時に獲得
11月25日　テロ対策特別法に基づき自衛艦インド洋派遣
12月1日　皇太子ご夫妻に長女が誕生。七日に命名の儀が行われ、名前は敬宮《としのみや》愛子さまに
12月7日　アフガニスタンのタリバン政権崩壊
12月11日　中国、WTO加盟
12月13日　米が弾道弾迎撃ミサイル（ABM）からの一方的脱退をロシアに通告したと発表
12月22日　アフガニスタンで暫定政権発足

奄美大島沖の東シナ海で巡視船「あまみ」など三隻が国籍不明の不審船と銃撃戦。ブリッジの操舵室付近に多数の被弾。不審船は沈没、北朝鮮の工作船の可能性との見方が強い

平成14年
2002

県内政治・経済

1月13日　常陸太田市長選で渡辺龍一無投票四選
1月15日　業際研事件で石岡市の木村芳城市長ら七人を競売入札妨害容疑で逮捕
1月22日　金砂郷町長選で成井光一郎無投票四選
1月25日　境町長の橋本正士死去
食品スーパーのカスミ（つくば市）とセイブ（水戸市）が資本提携
2月2日　守谷町が市制に
2月3日　高萩市長選で岩倉幹良初当選
2月5日　業際研事件で下妻市の山中博市長ら六人を競売入札妨害容疑で逮捕

県内社会・文化

1月11日　下館市議の田宮謙次郎野球殿堂入り
1月12日　つくば市の常磐道で停車中のトレーラーにワゴン車が追突し四人死亡
3月21日　アクアワールド大洗水族館開館
3月22日　日本芸術院賞に彫刻家の蛭田二郎（北茨城市出身）
6月1日　水戸徳川家、瑞竜山墓所公開休止
6月2日　サッカーW杯カシマでも第一戦。五日、八日とカシマで計三試合
6月21日　人間国宝に下館市の漆工芸家大西勲。本県で三人目
7月22日　サッカー日本代表の新監督にジーコ就任

国内・世界

1月1日　欧州単一通貨ユーロの現金流通開始
1月23日　雪印食品が輸入牛を国産と偽装、業界に買い取らせていたことが発覚
1月29日　ブッシュ米大統領、イラク、北朝鮮、イランに警告、テロとの戦い推進
3月26日　社民党の辻元清美衆院議員が政策秘書給与の不正受給疑惑で辞職
4月8日　加藤紘一元自民党幹事長が議員辞職。政治資金流用疑惑などで引責
5月8日　中国・瀋陽の日本総領事館に北朝鮮の家族五人が駆け込み、韓国に亡命
5月20日　東ティモール独立
5月31日　日韓共同開催サッカーW杯開幕

【茨城インターハイ】
全国高校総体（インターハイ）茨城大会の総合開会式に出席された皇太子ご夫妻＝2002年８月１日、笠松運動公園陸上競技場

2月17日　岩間町長選で仲田昭一初当選
2月19日　阿見町長選で川田弘二無投票三選
3月1日　ケーズデンキ（水戸市）東証一部上場
石岡信金破綻申請、水戸信金が受け皿に
3月3日　石岡市長選で横田凱夫初当選
境町長選で野村康雄初当選
3月19日　友部町長選で川上好孝無投票再選
3月25日　ひたちなか市にオフサイトセンター完成、開所
4月7日　鹿嶋市長選で内田俊郎無投票再選
岩井市長選で石塚仁太郎無投票三選
4月13日　完全学校週五日制スタート
4月14日　下妻市長選で小倉敏雄初当選
5月19日　笠間市長選で磯良史三選
6月2日　霞ヶ浦町長選で郡司豊廣三選
岩瀬町長選で中田裕初当選
6月23日　伊奈町長選で飯島善四選
6月28日　スーパーのマルカワ民事再生法適用申請、カスミ支援表明
7月8日　江戸崎町議長の関川益男ら三人を強制執行妨害容疑で逮捕
7月14日　常北町長選で三村孝信初当選
7月23日　旭村長選で酒井長敬無投票再選
7月25日　ワープステーション江戸を経営する県の第三セクター・メディアパークつくばが民事再生法の適用申請
8月20日　瓜連町長選で関谷哲生無投票三選
8月25日　玉里村長選で鶴町和夫初当選
10月6日　茎崎町の栗原正光町長、収賄容疑で

7月31日　皇太子ご夫妻インターハイ開会式出席のため来県、窯業指導所見学
8月1日　茨城インターハイ開会（二〇日まで）
9月2日　JCO臨界事故で検察は前所長に禁固四年求刑
9月3日　JCO事故で被ばく住民、健康補償求め、水戸地裁に提訴
10月1日　台風二一号で潮来の東電鉄塔九基が倒壊、県内で一二人けが

6月14日　サッカーW杯で日本初の決勝トーナメント進出決める
6月19日　東京地検特捜部は五〇〇万円の斡旋収賄容疑で鈴木宗男衆院議員を逮捕
アフガニスタンでカルザイ大統領就任し、新政権発足
8月5日　住民基本台帳ネットワーク稼動
8月29日　東電が原発の自主点検で損傷を隠していたことが発覚
9月2日　東電が社長らトップ五人の辞任の方針発表
9月17日　小泉首相が日本から初めて首相として訪朝。日朝首脳会談を行い、金正日総書記は日本人拉致を謝罪、日朝共同宣言に署名
10月8日　ノーベル物理学賞に東大名誉教授の小柴昌俊
10月9日　ノーベル化学賞に島津製作所研究員の田中耕一。ダブル受賞は日本初
10月10日　東証続落、バブル崩壊後の最安値更新。世界同時株安の様相
10月12日　インドネシア・バリ島で爆弾テロ、日本人二人含む一九〇人余が死亡
10月15日　北朝鮮に拉致された日本人五人が二四年ぶり帰国
10月25日　石井紘基衆院議員、刺殺される
10月26日　モスクワ劇場占拠事件でロシア特殊部隊が突入、制圧。人質一一八人犠牲に
11月15日　中国共産党、胡錦濤総書記を選出
11月21日　高円宮憲仁さま急逝、四七歳

逮捕
10月17日　参院議員久野恒一死去、六五歳
11月1日　つくば市と茎崎町が合併
11月17日　ひたちなか市長選で本間源基初当選
12月3日　里美村長選で佐川卓政無投票再選
12月8日　県議選、民主、共産が後退
真壁町長選で平間小四郎六選
12月10日　大子町長選で飯村精造無投票再選
12月16日　中村派県議五人が自民から脱会し、新会派結成、自民は離党勧告

11月27日　イラクの大量破壊兵器をめぐる国連査察が四年ぶりに再開
12月11日　和歌山毒物カレー事件で林被告に和歌山地裁が死刑判決
12月19日　韓国大統領に盧武鉉

平成15年
2003

県内政治・経済

1月6日	水戸信用金庫と土浦信用金庫が合併、新水戸信金に
1月19日	玉造町長選で坂本俊彦初当選
1月21日	那珂町長選で小宅近昭無投票三選
1月26日	八千代町長選で大久保司再選
2月2日	潮来市長選で今泉和無投票三選
2月11日	麻生町長選で横山忠市無投票再選
	桜川村長選で飯田稔無投票五選
2月18日	小川町長選で伊能淑郎無投票三選
2月23日	美野里町長選で島田穣一四選
4月1日	関東銀行（土浦市）とつくば銀行（下妻市）が合併し関東つくば銀行（土浦市）発足

県内社会・文化

1月12日	水戸市出身の映画監督深作欣二死去、七二歳
2月20日	ボンベルタ伊勢甚水戸店閉店
2月28日	土浦市本社の常陽新聞社清算、負債三億円。新会社設立し、新聞発行継続
3月3日	JCO事故、水戸地裁は元所長ら六人に有罪判決
3月20日	県は神栖町内の井戸水から高濃度のヒ素が検出されたと発表
3月22日	七二年に一度開催される金砂大祭礼が一〇日間の幕開ける
4月11日	本県初の人間国宝、陶芸家の松井康

国内・世界

1月10日	北朝鮮が核拡散防止条約（NPT）から脱退宣言
1月20日	横綱貴乃花が引退
2月1日	米スペースシャトル「コロンビア」空中分解、乗員七人全員死亡
2月	二月ごろから中国や香港、ベトナムで新型肺炎（SARS）が確認、世界的流行へ
3月20日	米英軍がイラク攻撃、イラク戦争へ
5月1日	米大統領、イラク戦争の戦闘終結を宣言
5月17日	政府がりそな銀行への公的資金二兆円投入を決める

【金砂大祭礼】
72年ぶりに水府村天下野地区を練り歩く西金砂神社の磯出大行列
＝2003年３月22日

4月20日　日立市長選で樫村千秋無投票再選
4月22日　波崎町長選で村田康博無投票六選。十王町長選で和田浩一、利根町長選で遠山務、美浦村長選で上野武雄無投票再選
4月27日　衆院補選で永岡洋治、参院補選で岡田広初当選
　水戸市長選で加藤浩一、取手市長選で塚本光男、茨城町長選で佐藤順一、新治村長選で完賀浩光初当選。水海道市長選で遠藤利三選。古河市長選で小久保忠男、山方町長選で三次真一郎、七会村長選で阿久津藤男再選
6月1日　河内町長選で野高貴雄三選
6月8日　北茨城市長選で村田省吾三選
7月5日　葉梨信行、中山利生衆院議員が引退表明
7月6日　千代川村長の永瀬純一死去
　平塚明結城市長を収賄容疑で逮捕
8月10日　千代川村長選で稲葉本治初当選
8月24日　結城市長選で小西栄造初当選
9月7日　牛久市長選で池辺勝幸初当選
9月23日　鉾田町長選で鬼沢保平無投票再選
10月21日　関城町長選で斎藤和夫無投票七選
11月9日　衆院選で三区葉梨康弘初当選、与党圧勝
　土浦市長選で中川清初当選
11月23日　江戸崎町長選で筧信五選
11月30日　谷和原村長選で鈴木亮寛再選

成死去、七五歳
4月17日　水戸市本社の日刊紙「新いばらき」廃刊
7月4日　日立の常銀支店長代理、五億円横領容疑で逮捕
8月23日　常総学院、夏の甲子園で初優勝
8月27日　県漁連が民事再生法適用申請
9月24日　取手市内の病院で集団結核三人死亡
10月6日　本県で初のBSE、福島県から搬入
10月13日　強風で鹿島港の大型クレーン次々倒壊、七人死傷
11月21日　つくば市の金田官衙遺跡が国史跡に
12月4日　県、江崎玲於奈賞を創設
12月19日　コイヘルペスによる霞ヶ浦の養殖ゴイ大量死で県が全量処分命令決定

5月23日　個人情報保護関連五法成立
6月6日　有事関連法が成立
7月1日　四歳児が誘拐、殺害される。九日、中一男子を補導
7月26日　イラク復興支援特措法成立、自衛隊派遣へ
9月15日　阪神タイガース、一八年ぶりのリーグ優勝決める
9月20日　自民党総裁選で小泉首相再選
9月22日　小泉再改造内閣発足
10月15日　中国、有人宇宙船打ち上げ成功
10月23日　小泉首相が中曽根、宮沢元首相に引退求める
11月9日　衆院選で民主議席増、二大政党時代へ
11月19日　第二次小泉内閣が発足
11月29日　邦人外交官二人がイラクで銃撃され死亡
　地銀の足利銀行の一時国有化決定
12月13日　イラクのサダム・フセイン元大統領を米軍が拘束
12月24日　米国で牛海綿状脳症確認、米牛肉輸入を停止

平成16年

2004

県内政治・経済

1月13日　茨城県信用組合（本店水戸市）、勝田信用組合（ひたちなか市）、日立信用組合（日立市）が合併し、新生「県信用組合」が発足

2月21日　八郷町長の関野和夫、収賄容疑で逮捕

2月29日　社民党県連代表に大嶋修一選出

3月9日　全国町村会長を務めた元玉造町長の坂本常蔵死去、八四歳

3月22日　県議会議長に海野透、副議長に葉梨衛選出

3月26日　日立電鉄が国に鉄道事業（日立市～常陸太田市）の廃止届け提出

県内社会・文化

1月13日　波崎町のダイキン工業鹿島工場でプラント爆発、従業員ら三人重軽傷

1月15日　霞ヶ浦や北浦の養殖ゴイがコイヘルペス病に感染した問題で、全量処分を命令された五八の全養殖業者が廃業へ。国内養殖ゴイの半分に当たる約五〇〇〇トンを出荷してきた一大産地が消滅

1月31日　茨城大学女子学生殺害される

2月11日　作曲家、吉田正（故人）の遺品五〇〇点を日立市に寄贈

3月19日　鷹見泉石資料が国の重要文化財に指定、歴史資料では県内初

国内・世界

1月12日　山口県の養鶏場で七九年ぶりに鳥インフルエンザ発生

1月16日　自衛隊をイラクへ派遣

2月6日　モスクワで地下鉄テロ、四〇人超死亡

2月27日　オウム真理教の麻原彰晃に死刑判決

3月2日　イラクのバグダッドとカルバラで同時爆破テロ、一五〇人超死亡

3月11日　スペインの首都マドリードの三鉄道駅でアルカイダ系組織による列車同時爆破テロ発生、二〇〇人以上死亡

3月12日　韓国国会が盧武鉉大統領の弾劾訴追案を可決

【吉田正音楽記念館オープン】
吉田正音楽記念館の開館記念式典には女優・吉永小百合さんや歌手・橋幸夫さんなどが顔をそろえ、華やいだ雰囲気でテープカットが行われた＝2004年4月27日、日立市宮田町

4月1日 茨城産業会議議長に沼尻博県商工会連合会長が就任
県医師会長に原中勝征就任
4月6日 大宮町長選で矢数《やす》浩《ひろし》、無投票五選
4月16日 元古河市長の小倉利三郎死去、七七歳
4月20日 東京電力が北茨城市内に計画していた石炭火力発電所の建設断念
4月25日 八郷町長選で菊地武雄、初当選
5月29日 自民党県連幹事長の県議、本沢昭治死去、七五歳
6月15日 つくば市の温暖化対策、小中学校に風力発電設備計画が環境省の「環境と経済の好循環のまちモデル事業」に選ばれる
7月6日 桂村長選で金長義郎無投票再選
7月11日 参院選で岡田広（自民）、郡司彰（民主）当選
石下町長選で飯塚富雄四選
7月22日 新庁舎計画に異議、八千代町長リコール、六〇日以内に住民投票
7月28日 石岡署と県警は公選法違反で小川町助役を逮捕
8月22日 大洋村長選で小橋隆三初当選
8月29日 総和町長選で白戸仲久初当選
8月31日 大和村長選で飯島輝信無投票五選
9月7日 大洗町長選で小谷隆亮無投票三選
竹内藤男前知事、公判中に死去、八六歳
9月19日 八千代町長リコール不成立、新庁舎建設へ

3月27日 加倉井砂山の日新塾、痛み激しく解体
3月31日 大相撲夏場所番付で萩原（牛久市出身）が十両昇進
4月27日 日立市で吉田正記念館の開館式典
5月6日 「文芸ひたち」四〇年の歴史に幕
6月21日 岩井市で女子高生殺人、首を絞められたことによる窒息死
6月26日 県陶芸美術館（笠間市）の新館長に東京芸大教授で同大美術館長の竹内順一就任、発令は七月一日付
7月21日 茨城CC会員権乱売事件で破産手続き終了、届け出債権の三・一％返還
7月25日 全国高校野球選手権茨城大会で下妻二が常総学院を下し初優勝、県西地区から二五年ぶり
8月2日 全国新聞教育研究大会、水戸市で開幕
8月3日 日本原子力研究所と核燃料サイクル開発機構が統合し「独立行政法人日本原子力研究開発機構」に、本社は東海村に設置
9月2日 アテネ五輪で金メダルの柔道、鈴木桂治、塚田真希に県民栄誉賞
9月30日 日本青年会議所全国大会、水戸市で開幕
10月1日 NHK、県域テレビ放送開始
国立病院機構水戸医療センター（旧国立水戸病院）が水戸市内から茨城町「桜の郷」に移転
10月6日 大相撲九州場所で新入幕が確実な萩

3月15日 ロシア大統領選挙でプーチン再選
4月8日 イラクで日本人三人が武装グループによって拉致
4月14日 東京地検特捜部は贈収賄容疑で日歯会長の白田貞夫容疑者らを逮捕
4月15日 イラク武装グループによって拉致され人質となっていた邦人三人解放
4月 国民年金未納問題が政界に波及、五月には福田康夫官房長官が辞任、民主党の菅直人代表も辞任、六月五日、将来の保険料負担増と給付抑制を柱とした年金改革法案が成立
5月18日 民主党代表に岡田克也選出
5月22日 拉致被害者の蓮池さんと地村さん夫妻の子供五人が帰国。七月一八日には曽我ひとみさんの家族三人が来日
6月1日 長崎県で小学六年の女児が同級生の女児に学内で殺害された。一一月一七日には奈良市で小学一年の女児が下校時に誘拐・殺害された
6月10日 神奈川、山口両県警は業務上過失致死容疑で三菱自動車工業の元社長ら六人を逮捕
6月14日 プロ野球近鉄バファローズとオリックス・ブルーウェーブが合併合意
7月11日 参院選で民主が五〇議席と増やし、自民は四九議席にとどまった
8月9日 福井県の関西電力美浜原発三号機で蒸気漏れ事故、五人死亡六人重軽傷
8月12日 東京三菱とUFJ両銀行が合併合意、二〇〇六年一月開業

9月30日　元防衛庁長官で元衆院議員の中山利生死去、七九歳
10月16日　常陸大宮市（大宮町、山方町、美和村、緒川村、御前山村）誕生、平成の大合併幕開け
10月17日　下館市長選で冨山省三無投票三選
10月19日　初代山方町長で県議などを務めた根本保死去、九一歳
10月20日　二一日にかけ本州縦断した台風二三号により県内二三棟床上浸水、農産物被害四一億六六〇〇万円
前鹿嶋市長の五十里武死去、七〇歳
11月1日　日立市（日立市、十王町）誕生
11月2日　元衆院議員で社民党県連顧問の竹内《たけうち》猛《たけし》死去、八二歳
11月7日　守谷市長選で会田真一再選
11月14日　つくば市長選で市原健一初当選
12月1日　常陸太田市（常陸太田市、金砂郷町、水府村、里美村）誕生
12月7日　新利根町長に浦口勇無投票再選
12月26日　北浦町長選で伊藤孝一再選

原（牛久市出身）が「稀勢の里」と改名
10月7日　八郷町の公共工事をめぐる汚職事件で収賄の罪に問われた前町長、関野和夫被告に有罪判決
10月29日　文化勲章に高エネ研機構長の戸塚洋二（つくば市在住）
11月10日　筑波大附属病院が白血病に遺伝子治療法、国内初
11月17日　大関武双山が引退、年寄藤島を襲名
11月24日　水戸市で一九歳の少年、両親殺害
11月25日　土浦市で両親と姉を殺害した二八歳男逮捕
11月29日　日本芸術院会員に彫刻家の川崎普照（ひたちなか市出身）、建築家の岡田新一（水戸市出身）
12月5日　常北町の三村孝信町長、収賄容疑で逮捕
12月10日　県レスリング協会長で県体育協会副会長の沼尻直《ぬまじりただし》死去、七二歳
12月15日　霞ヶ浦と北浦で養殖ゴイがコイヘルペス病で大量死した問題で、北浦の全一三業者がコイ養殖を廃業

8月15日　アテネ五輪で北島康介、男子一〇〇メートル平泳ぎで金メダル。日本は金一六、銀九、銅一二の計三七個と史上最多のメダル獲得
9月1日　ロシア南部の北オセチア共和国でチェチェン独立派の武装集団が多数の児童を人質に学校を占拠、三日に特殊部隊が突入し、武装集団を殺害したが児童三〇〇人以上が死亡
9月17日　プロ野球、近鉄とオリックスが合併、インターネット大手の楽天の参入により五〇年ぶりに新球団が誕生。通信大手のソフトバンクも福岡ダイエーの買収手続きを進めるなど大再編が起きた。再編をめぐり選手会との交渉が決裂、九月一七日には史上初のストライキ決行を選手会が決定
9月19日　中国共産党は江沢民軍事委主席の退任と胡錦濤党総書記の同主席就任を承認。胡錦濤が党、政府、軍の三権を掌握
9月27日　第二次小泉改造内閣発足
10月1日　大リーグ・シアトルマリナーズのイチローが年間最多安打記録を八四年ぶりに塗り替えた
10月　台風が相次ぎ日本上陸、集中豪雨も加わって各地で多数の死者・行方不明者が出た
10月23日　新潟県中越地震で死者六八人、被災者一〇万人以上、被害総額三兆円
10月26日　イラクで邦人一人が武装勢力に拘束

され、その後遺体で発見された。五月二七日にはバグダッド近郊で邦人ジャーナリスト二人が銃撃を受け死亡

11月2日　米大統領選挙でブッシュ大統領再選

11月11日　アラファトパレスチナ自治政府議長が病死

11月14日　天皇家の長女紀宮さまと東京都職員の黒田慶樹さんとの婚約内定

12月18日　天皇陛下の叔母に当たる高松宮喜久子さまが逝去、九二歳

12月21日　イラク情勢混迷。北部では開戦以来最大規模の米軍基地への攻撃

12月26日　スマトラ沖地震、津波による被害で日本人三二人を含む約二九万人が死亡

平成17年

2005

県内政治・経済

1月2日　県内市町村税の徴収率が急落、二〇〇三年度の平均徴収率は八七・四%と過去最低更新

1月21日　那珂市（那珂町、瓜連町）誕生

1月24日　首都機能移転促進北関東地域県議会連絡協議会が誘致活動を休止

2月1日　水戸市（水戸市、内原町）誕生
城里町（常北町、桂村、七会村）誕生

2月27日　城里町の初代町長に金長義郎初当選

3月4日　水戸市議会議長、小圷和男死去、六四歳

3月8日　偽造カード対策で常陽銀行が生体認

県内社会・文化

1月11日　タレントの萩本欽一、野球のクラブチーム「茨城ゴールデンゴールズ」の本拠地を桜川村に
常北町の公共工事をめぐる贈収賄事件で別の業者からも現金を受け取っていたとして水戸署は受託収賄の疑いで前常北町長の三村孝信容疑者を再逮捕

1月15日　大子町で一六五〇万年前のゾウの足跡を筑波大学が発見

1月25日　NHK会長の海老沢勝二（潮来町出身）辞任、不祥事で引責、後任に橋本元一専務理事

国内・世界

2月8日　イスラエルとパレスチナが停戦宣言、和平交渉再開

2月10日　北朝鮮が核兵器保有を初めて公式に宣言。九月の六カ国協議は北朝鮮の完全核放棄と核拡散防止条約復帰を盛り込んだ共同声明を採択

2月16日　京都議定書発効（地球温暖化防止）

2月28日　イラク中部でテロ、一一〇人以上死亡、九月一四日にはバグダッドでテロ、一五〇人以上が死亡

3月3日　西武鉄道株事件で東京地検特捜部は証券取引法違反の疑いで前コクド会長堤義明容疑者を逮捕

【つくばエクスプレス開業】
つくば駅午前5時7分発の一番列車の前で記念撮影する関係者ら＝2005年8月24日、つくば市吾妻のＴＸつくば駅ホーム

3月22日 証導入へ、県内金融機関で初
3月22日 坂東市（岩井市、猿島町）誕生
3月28日 稲敷市（江戸崎町、東町、桜川村、新利根村）誕生
3月28日 取手市（取手市、藤代町）誕生
3月28日 筑西市（下館市、協和町、明野町、関城町）誕生
3月28日 かすみがうら市（千代田町、霞ヶ浦町）誕生
4月4日 今秋の知事選で自民党県連が橋本昌の四選推薦へ
4月5日 常陸太田市長の渡辺龍一が退職届
4月10日 初代坂東市長に石塚仁太郎無投票初当選
4月10日 河内町で野高貴雄町長の解職住民投票が行われ解職成立
4月18日 知事選で自民党県連が橋本昌の四選推薦を決定
4月24日 筑西市長に冨山省三初当選
4月24日 かすみがうら市長に鈴木三男無投票初当選
5月1日 稲敷市長選で高城功初当選
5月22日 常陸太田市長選で大久保太一初当選
5月29日 境町議会の解散の是非を問う住民投票が行われ賛成多数で即日解散
5月29日 河内町長選で野高貴雄四選
6月29日 常陽銀行頭取に鬼沢邦夫
7月11日 元農協五連会長で県議三期を務めた外岡左近死去、九四歳
7月24日 利根町長選で井原正光初当選
8月1日 永岡洋治衆院議員自殺

2月6日 ツェッペリン号が土浦市飛来、七六年ぶり
2月16日 土浦市、つくば市、玉里村で震度五弱
3月1日 日立市のケーブルテレビ・JWAY開局
3月1日 筑波技術短大が四年制の筑波技術大学に（一〇月一日に新設）
3月18日 真壁町の国登録有形文化財一〇四件、全国三位に
3月27日 大子町で一六七〇万年前の肉食哺乳類の足跡化石発見
3月31日 日立電鉄線七七年の歴史に幕
4月1日 常磐大新学長に高木勇夫
4月2日 高萩市に通信単位制高校「ウィザス高校」が開校
4月5日 水戸一高出身の作家、恩田陸の作品『夜のピクニック』が二〇〇五年本屋大賞に選ばれる。同作品はこの年の吉川英治文学新人賞も受賞
4月11日 神栖市で震度五強の地震
4月17日 柔道全日本女子選手権で塚田真希が四連覇、史上三人目
5月5日 かすみがうら市で交通事故三人死亡
5月20日 水戸市の台渡里廃寺跡が国史跡に
6月5日 潮来町で両陛下迎え全国植樹祭開催
6月20日 恩賜賞・日本芸術院賞に本県関係の内田光子（洋楽）、日本芸術院賞に水戸市の彫刻家能島征二
6月26日 水海道市で鳥インフルエンザ、二万五〇〇〇羽処分

3月11日 文科省白書、「ゆとり教育」見直しへ
3月16日 島根県議会、「竹島の日」条例を決議、韓国各地で反発
3月20日 福岡西方沖地震（震度六弱）、負傷七〇〇人、八〇〇棟被害
3月22日 戦後を代表する世界的建築家、丹下健三死去、九一歳
3月28日 スマトラ沖でM8・7の地震
4月1日 ペイオフ解禁
4月1日 個人情報保護法施行
4月2日 ローマ法王ヨハネ・パウロ二世が死去、八四歳
4月16日 中国の上海で日本が国連常任理事国入りを目指していることに反発する暴動が発生、日系企業など被害に
4月18日 フジテレビがニッポン放送子会社化のために公開買い付け中の二月、ライブドアが同放送の筆頭株主になったことが判明。株争奪戦の末、フジテレビが同放送株を全株取得し、両社で資本・業務提携することで和解
4月25日 中部国際空港が開港
4月25日 兵庫県尼崎市のJR福知山線で脱線事故、死者一〇七人、負傷者五五五人
6月29日 大手機械メーカーの工場従業員や周辺住民らにアスベスト（石綿）によるがんなどの深刻な被害が相次いでいることが明らかに
7月7日 ロンドンで地下鉄、バスを標的とした四件の爆弾テロが発生、五〇人以

8月9日 神栖市（神栖町、波崎町）誕生
自殺した永岡洋治衆院議員（本県七区）の後継候補に妻桂子内定
9月2日 行方市（麻生町、玉造町、北浦村）誕生
9月11日 衆院選で自民大勝、県内小選挙区で七候補当選
知事選で橋本昌四選
東海村長選で村上達也三選
9月12日 古河市（古河市、総和町、三和町）誕生
10月1日 石岡市（石岡市、八郷町）誕生
桜川市（岩瀬町、大和村、真壁町）誕生
10月2日 行方市長選で坂本俊彦初当選
10月11日 鉾田市（鉾田町、旭村、大洋村）誕生
10月14日 大手建設機械メーカー・コマツ（東京）がひたちなか市に新工場建設、二〇〇七年操業予定
10月16日 古河市長選で白戸仲久初当選
10月30日 桜川市長選で中田裕初当選
石下町長の解職請求（リコール）不成立
10月31日 額賀福志郎衆院議員（本県二区）が防衛庁長官に
ダイエー水戸店、三二年の歴史に幕
11月6日 神栖市長選で保立一男初当選
石岡市長選で横田凱夫初当選
11月11日 イオン水戸内原ショッピングセンタ

6月30日 県立高入試、来春から全県一区に
8月24日 つくばエクスプレス（TX）開業
9月13日 県内高齢者、過去最多の五七万二〇〇〇人に
9月21日 布川事件、水戸地裁土浦支部で再審決定、逮捕から三八年ぶり
9月26日 布川事件で水戸地検、即時抗告
10月1日 独立行政法人「日本原子力研究開発機構」が発足、日本原子力研究所と核燃料サイクル開発機構を統合
元大関武双山が断髪式、年寄「藤島」を襲名
10月28日 日米両政府が沖縄の負担軽減策として米軍嘉手納基地のF15戦闘機の訓練の一部を百里基地（小川町）など計五基地に移転することで合意
12月2日 常陸大宮市の山林に栃木県小一女児の殺害遺体
12月22日 鉾田の連続強盗殺人で水戸地裁、藤崎宗司被告に死刑判決

上が死亡。同月、エジプト・シナイ半島のリゾートでも同時爆弾テロにより八〇人以上が死亡、一〇月にはインドネシア・バリ島でも同時爆弾テロで邦人一人を含む二〇人が死亡するなど各地でテロが相次ぐ
8月8日 参院本会議で郵政民営化法案否決、小泉首相が衆院解散
8月16日 宮城県南部で震度六弱、五九人重軽傷
8月30日 米国南部に超大型ハリケーン「カトリーナ」が上陸、約一三〇〇人が死亡、一一月になっても六〇〇〇人以上が行方不明と伝えられた
9月11日 郵政民営化を争点にした衆院選で自民党率いる与党が三二六議席を獲得し歴史的大勝
9月19日 六カ国協議で北朝鮮が核放棄を確約
9月21日 第三次小泉内閣が発足
官房長官や副総理を歴任した元自民党衆院議員の後藤田正晴死去、九一歳
10月8日 パキスタン北東部でM7・6の地震が発生、邦人二人を含む死者七万人超える
10月14日 郵政民営化関連法が成立
11月17日 国土交通省は千葉県の一級建築士がマンションなどの構造計算書を偽造、震度五強の地震で倒壊の恐れがあると公表
11月24日 皇室典範に関する有識者会議が女性・

ー（水戸市中原町）開業、北関東最大の商業施設に
11月13日　鉾田市長選で鬼沢保平初当選
11月30日　稲敷市議会議長選で贈賄市議逮捕
12月18日　五霞町長選で大谷隆照三選
12月25日　龍ケ崎市長選で串田武久三選

女系天皇容認の報告書まとめる
12月20日　耐震強度偽装事件で警視庁と千葉、神奈川両県警が都内のマンションなど一〇三カ所を強制捜査
12月26日　セブン&アイ・ホールディングスがそごう・西武百貨店を統合、巨大流通グループ誕生へ

平成18年

2006

県内政治・経済

1月1日	下妻市（下妻市、千代川村）誕生
	常総市（水海道市、石下町）誕生
1月17日	県議の鬼沢忠治死去、七九歳
2月5日	高萩市長選で草間吉夫初当選
2月12日	境町長選で野村康雄再選
	城里町議会、住民投票で即刻解散
2月13日	県住宅公社解散へ、債務超過四六〇億円に
2月20日	土浦市（土浦市、新治村）誕生
2月21日	阿見町長選で川田弘二無投票四選
2月24日	茨城産業会議議長に関正夫県経営者協会長選出
3月12日	出直し町議選で城里町議決まる

県内社会・文化

1月10日	豊田泰光（大子町出身）、野球殿堂入り
	鳥インフルエンザ、県内感染者七〇人に
1月18日	業際研汚職事件で山中博容疑者（前下妻市長）に実刑判決
1月26日	筑波山山頂に筑波大学が気象観測所設置
2月10日	水戸東映シネマ閉館、四六年の歴史に幕
3月18日	鳥インフルエンザ問題に絡む家畜伝染病予防法違反事件で県警が愛鶏園会長を逮捕

国内・世界

1月10日	イランが核燃料研究を再開（IAEA理事会決議違反）、一月三一日にブッシュ米大統領が一般教書演説でイラン核放棄を要求
1月20日	米国産牛肉、危険部位混入で輸入を全面停止
1月23日	ライブドア社長の堀江貴文を東京地検特捜部が証券取引法違反容疑で逮捕、村上ファンドの村上世彰をインサイダー取引容疑で六月五日逮捕
2月4日	エジプト沖の紅海で乗客一四〇〇人を乗せたフェリーが沈没、犠牲者一〇〇〇人

【京成百貨店新装開店】
新装開店した「京成百貨店」。地下1階、地上9階で売り場面積は約3万3500平方㍍＝2006年、水戸市泉町

3月17日 水戸市に京成百貨店開業
3月18日 大洗町に大洗リゾートアウトレットがオープン
3月19日 下妻市長選で小倉敏雄無投票再選
笠間市（笠間市、友部町、岩間町）誕生
3月20日 県議会議長に自民党県連会長の山口武平（二度目）、副議長に田山東湖
3月27日 小美玉市（小川町、美野里町、玉里村）誕生
つくばみらい市（伊奈町、谷和原町）誕生
茨城交通が私的整理
4月1日 市町村に県税職員派遣、連携し税収率アップ
4月12日 常陸那珂港にコマツ茨城工場着工、来年一月操業へ
4月16日 鹿嶋市長選で内田俊郎三選
4月23日 笠間市長選で山口伸樹初当選
4月30日 小美玉市長選で島田穣一初当選
5月11日 全国議長会長に山口武平選出、本県の県議会議長で初
5月14日 つくばみらい市長選で飯島善初当選
5月19日 県議選、笠間市区補選で渡辺浩一無投票当選
5月21日 かすみがうら市長の鈴木三男、収賄容疑で逮捕
5月24日 関東地方知事会長に橋本昌就任
関東つくば銀行の次期頭取に木村興三内定
6月9日 つくばエクスプレス（TX）が開業

4月 通信単位制高校「ルネサンス高校」が大子町に開校
4月12日 旧常磐炭鉱従業員のじん肺患者ら国を提訴
4月18日 若草大橋（利根町―千葉県栄町）開通
4月26日 金砂郷町発注の工事を巡り談合主導の社長ら逮捕
5月15日 サッカーW杯ドイツ大会代表二三人選出、鹿島アントラーズから柳沢敦、小笠原満男
5月22日 北茨城市の五浦海岸で一六四〇万年前のムカシオオホホジロザメの化石発掘
6月1日 合計特殊出生率五年連続で過去最低の一・二四に、全国平均（一・二五）を初めて下回る
6月3日 県の「いばらき出会いサポートセンター」が水戸市の県三の丸庁舎内にオープン
6月23日 県が鳥インフルエンザ終息宣言、発生から一年
7月27日 NIE全国大会が水戸市で開幕
8月1日 K2に守谷市出身の二一歳青年が登頂、世界最年少
8月10日 米軍機訓練百里基地移転に関し、小美玉、鉾田、行方の三市、国との協定に合意
9月1日 古河市出身の推理作家小林久三が死去、七〇歳
9月8日 東海第二原発で流量計数値を国の検

2月23日 トリノ五輪で日本勢唯一の金メダルを女子フィギュアスケート荒川静香獲得
3月20日 ワールド・ベースボール・クラシック（WBC）で日本が初代世界一に
3月24日 北陸電力志賀原発運転差し止め、耐震安全性に問題と金沢地裁判決
4月1日 高年齢者雇用安定法施行
4月26日 耐震強度偽装事件で警視庁は建築士法違反ほう助容疑で姉歯秀次建築士ら八人逮捕
5月27日 インドネシア・ジャワ島でM6・3の地震が発生、死者六〇〇〇人。七月一七日には同島南方のインド洋で大地震、津波で五〇〇人死亡
6月20日 小泉首相、陸自のイラク撤退表明
北海道夕張市が財政再建団体申請
7月1日 橋本龍太郎元首相が死去、六八歳
7月5日 北朝鮮発射のミサイルが日本海に着弾、日本政府は経済制裁発動
7月14日 日銀は五年四カ月続けた「ゼロ金利」解除を決定
7月17日 陸自、イラク撤収が完了
8月24日 国際天文学連合は冥王星を惑星から格下げし、従来九つだった太陽系惑星を八つに
9月6日 秋篠宮ご夫妻に男児誕生、悠仁《ひさひと》さまと命名、皇室では四一年ぶりの男児誕生
9月15日 オウム事件で松本智津夫被告、最高裁で死刑確定

後初の二〇〇五年度決算、営業収益一四〇億円と好調なスタート

6月16日　県議選定数でつくば市区一増、古河市区一減の条例改正案を可決

6月24日　県歯科医師連盟、民主党支部設立に助成決定、全国初

7月2日　常陸太田、常陸大宮両市で住民投票実施し、市議会解散

7月16日　かすみがうら市長選で坪井透無投票初当選

7月24日　茨城、福島、栃木、群馬、新潟の五県知事が災害時相互応援協定を締結

8月20日　桜川市議会、住民投票で解散

8月29日　水戸、下妻、筑西、北茨城の四市が起債許可団体に

9月25日　自民党総務会長に丹羽雄哉衆院議員（茨城六区選出）

10月20日　水戸商工会議所が創立一一〇周年

11月10日　県議で元議長の香取衛死去、七七歳

11月12日　ひたちなか市長選で本間源基無投票再選

11月14日　一二月の県議選を前に県議の青木來三（自民）、細田武司（民主）、鈴木孝治（公明）、綿引久男（自民）が引退

11月17日　笠間市議会が自主解散、在任特例で県内初

12月4日　家電量販店大手のギガスケーズデンキ（本社水戸市）がデンコンドー（仙台市）を子会社化、業界四位に

12月10日　県議選、民主六議席で健闘、自民三

査に合格させるため八四年から操作していたことが発覚、社長ら減給処分

9月25日　全国で初めて高速道路と直結するスマート・インターチェンジが水戸北スマートＩＣで開始

9月29日　国と県、東海村などによる国民保護訓練実施、東海第二原発テロを想定

10月5日　全国生涯学習フェスティバル「まなびピアいばらき２００６」が水戸市で開幕（九日まで）

10月6日　パナマ船籍の貨物船が神栖沖で座礁、一人水死、九人行方不明、一三人救助

第三〇回世界オセロ選手権大会がオセロ発祥の地水戸市で開幕（八日まで）

10月12日　石岡市総社の常陸国衙跡で国庁の位置確定

10月24日　日米親善の日本人形「筑波かすみ」の里帰りが八〇年ぶりに実現

10月26日　本県の県立高六校、私立高校で半数近くが「必修漏れ」。同問題では県立佐竹高校長が対応に追われ三〇日に自殺

10月27日　文化勲章に水戸芸術館長吉田秀和の受賞決定

龍ケ崎市の来迎院多宝塔、国重要文化財指定へ

12月1日　芸術院会員に彫刻家の能島征二（水戸市）

9月20日　タイで軍事クーデター、軍、警察の長らで構成する「民主改革評議会」が権力掌握、タクシン政権崩壊

9月26日　小泉純一郎が総理退任、後任に安倍晋三（五二歳）、初の戦後生まれ総理

10月9日　七月の連続ミサイル発射に続き、北朝鮮が初の地下核実験を実施

10月11日　福岡県の男子中学二年生が自殺したのに続き、同二三日には岐阜県の女子中学二年生も自殺、いじめが原因とみられる自殺が相次ぐ

10月23日　福島県の佐藤栄佐久知事が官製談合事件で逮捕され、一一月一五日には和歌山県の木村良樹知事、一二月八日には宮崎県の安藤忠恕知事が同様の事件で逮捕された

11月　イラク戦争を争点とした米中間選挙で共和党は上下両院で民主党に敗北し、州知事選でも敗れた

11月5日　元イラク大統領フセイン被告にシーア派住民虐殺容疑でイラク高等法廷が死刑判決、一二月三〇日に刑執行

11月7日　北海道で竜巻、九人死亡二一人けが

11月22日　景気拡大戦後最長に、いざなぎ超え五八カ月

12月15日　改正教育基本法が成立

九議席で安定、公明四議席、共産二議席獲得

12月17日 大子町長選で綿引久男初当選

12月20日 第三セクター・筑波都市整備（つくば市）が子会社の筑波学園ホテルをホテルオークラ（東京）に譲渡

平成19年

2007

県内政治・経済

1月9日　改選県議会の会派構成、自民が四八議席、民主は六議席で第二会派に

1月12日　松浦英一前県議（土浦市）を県議選買収容疑で逮捕

1月21日　八千代町長選で大久保司三選

1月28日　那珂市長選で小宅近昭四選

2月6日　古河市住宅公社、債務超過五〇億円に

2月15日　筑波大発ベンチャーのサイバーダイン（本社つくば市）が大和ハウスと提携、ロボットスーツ量産化へ

2月18日　潮来市長選で松田千春初当選

2月22日　自民党県連、山口武平会長、長谷川

県内社会・文化

1月9日　プロ野球阪神の井川慶投手（大洗町出身）が米大リーグヤンキースに入団

1月11日　坂東市の矢作川土手で放置ポリ袋に上半身切断遺体

1月17日　東日本石炭じん肺訴訟で水戸地裁は原告七人に四〇〇〇万円の和解金支払いを命じ、和解成立

1月25日　高校必修科目の履修漏れ問題で県教委が監督責任を取り稲葉節生県教育長を戒告の懲戒処分に

1月26日　死刑判決を受け上告中の元暴力団幹部が別の三件の殺人事件に関与した

国内・世界

1月　洋菓子メーカー不二家の消費期限切れ原料使用発覚、その後、代表的土産「白い恋人」の賞味期限切れ改ざんが表面化。さらに伊勢名物の「赤福」、大阪の船場吉兆など各地で賞味期限切れ改ざんや原材料偽装など発覚、食の安全・信頼が揺らぐ

2月　該当者不明の「宙に浮いた」年金記録が約五〇〇〇万件に上ることが表面化、入力ミスなど放置した社会保険庁の解体が決まる

3月16日　ライブドア粉飾決算事件で証券取引法違反罪に問われた前社長堀江貴文

【鹿島鉄道廃線】
筑波山と霞ヶ浦を背景に走る鹿島鉄道のキハ600形車両＝2007年、行方市羽生の桃浦－八木蒔駅間

大紋幹事長続投
3月5日 議員の政務調査費、県内二九市町村で支給、最高は水戸市の一〇八万円
3月8日 県議会議長経験の県議川口三郎死去、七四歳
3月19日 県議選北相馬郡区（定数一）で小林靖男繰り上げ当選
4月1日 つくば市が特例市に移行
4月6日 二〇〇六年の工場立地面積、本県が全国第一位に
4月15日 日立市長選で樫村千秋無投票三選
4月22日 水戸市長選で加藤浩一再選
取手市長選で藤井信吾初当選
常総市長選で杉田光良初当選
茨城町長選で小林宣夫初当選
五霞町長選で染谷森雄初当選
美浦村長選で中島栄初当選
4月28日 全国農業協同組合連合会（全農）の元会長、本橋元（旧水海道市出身）死去、七九歳
5月1日 建設会社の山形工務店（本社日立市）負債三三億円で自己破産へ
5月22日 三井住友銀行が水戸市に支店開設、地銀との競争激化
6月1日 赤城徳彦衆院議員（茨城一区）が農水大臣就任
6月9日 ブックエースと川又書店（本社・水戸市）が資本提携
6月10日 北茨城市長選で元市長の豊田稔が一二年ぶりに返り咲く
7月29日 参院選茨城選挙区で藤田幸久（民

上申書を県警に提出し、一件について警察は殺害されたと見られる人物の家族ら八人を逮捕
2月13日 つくばナンバーの交付開始
3月10日 圏央道つくば牛久―阿見東ＩＣ開通
3月15日 石岡市の常陸国衙跡に最大級遺構
3月16日 ＫＤＤＩ茨城衛星センター（高萩市、日立市）四四年の歴史に幕
3月31日 鹿島鉄道が廃線、八三年の歴史に幕
5月18日 水戸徳川家墓所（常陸太田市）国指定史跡に
5月25日 土浦市の霞ヶ浦湖畔に国交省と同市が建設を検討していた人工砂浜建設計画を市が断念
7月3日 県が自殺対策連絡協議会設立
7月6日 筑波学生新聞、二五年の歴史に幕
7月31日 水戸市内で白昼暴力団幹部二人が刺され一人死亡、もう一人も翌日死亡し、対立暴力団幹部を逮捕
8月6日 三月に閉所したＫＤＤＩの茨城衛星通信センターのパラボラアンテナを転用し、電波望遠鏡とすることを、国立天文台と茨城大学などが発表
8月17日 市民風車、神栖市に完成。全国から出資、本格稼働へ
9月10日 第三二回全日本クラブ野球選手権大会で茨城ゴールデンゴールズが初優勝
9月27日 茨城交通湊線、茨城交通とひたちなか市が出資する第三セクター方式で存続合意

被告に東京地裁が実刑判決
3月25日 能登半島沖で震度六強の地震
4月17日 選挙運動中の長崎市長が事務所前で暴力団組員に射殺される
4月23日 エリツィン前ロシア大統領死去、七六歳
5月14日 憲法改正の手続きを初めて定めた国民投票法が成立
5月20日 男子プロゴルフツアーで石川遼（一五歳）が史上最年少優勝
5月28日 政治とカネ問題の渦中にいた松岡利勝農相が自殺。後任の赤城徳彦も不明朗な事務所費計上で辞任するなど問題が噴出
5月 フランスのシラク大統領の後任にサルコジ前内相が当選。イギリスでは六月にブレアに代わりブラウン新首相が就任
6月7日 二〇〇六年の国内の自殺者、九年連続で三万人超、学生・生徒の自殺は八八六人で最悪
6月28日 元首相の宮沢喜一死去、八七歳
7月16日 新潟県中越沖地震、Ｍ６・８、死者一五人、東京電力柏崎刈羽原発で火災、停止命令
7月18日 共産党名誉役員の宮本顕治死去、九八歳
7月29日 第二一回参院選で自民党が民主党に歴史的大敗。自民三七議席に対し民主六〇議席
8月 米国サブプライムローンの焦げつき

主）、長谷川大紋（自民）初当選
結城市長選で小西栄造再選
8月1日 安倍首相、事務所問題で赤城徳彦農相を更迭
8月27日 安倍改造内閣に額賀福志郎衆院議員（本県二区）、財務大臣で入閣
9月6日 つくば市合併に尽力した元つくば市長木村操死去、八〇歳
9月25日 福田内閣で額賀福志郎財務相は再任
9月30日 牛久市長選で池辺勝幸再選
10月26日 連合茨城会長に児島強
10月28日 土浦市長選で中川清無投票再選
10月30日 県市議会議長会が海外視察休止
11月19日 千葉銀行が県内初店舗、神栖市に
11月30日 二〇〇六年国内農業産出額、茨城県が全国四位に転落、鳥インフルの影響響く
12月19日 第九九代県議会議長に桜井富夫（新治郡区）、第一〇一代副議長に小川一成（守谷市区）選出
12月25日 笠間焼きを商標登録、ブランド強化
12月30日 県議連続一〇期、「万博議長」で知られた青木来三郎死去、八六歳

10月3日 本年三月に石岡市の病院で死去した八六歳の男性が出身地のつくば市社会福祉協議会に倹約して残した遺産一億円余を寄付したことが判明
10月16日 百里基地（小美玉市）で日米共同訓練開始
10月17日 つくば市の産業技術総合研究所で内規に違反し危険病原体を受け入れていたことが発覚
10月27日 土浦市出身の洋画家で日本芸術院会員、二科会名誉理事の鶴岡義雄死去、九〇歳
11月10日 ねんりんぴっく茨城二〇〇七、笠松運動公園で開幕（一三日まで）
12月1日 鹿島アントラーズ、リーグ制覇し一〇冠達成
県内タクシー全面禁煙、東京でも一月から実施
12月21日 神栖市の三菱化学で火災、二人死亡、二人不明のち死亡確認

が急増し米株式市場は暴落、世界同時株安に
8月16日 岐阜県多治見市と埼玉県熊谷市で最高気温四〇・九度、七四年ぶり記録更新
9月12日 参院選惨敗後も続投していた安倍晋三首相が辞意を表明、九月二六日に福田康夫内閣発足
10月1日 郵政民営化スタート
10月2日 韓国の盧武鉉大統領が平穣で金正日総書記と二〇〇〇年以来の南北首脳会談開催
11月2日 テロ対策特別措置法が失効、五年一一カ月にわたった海上自衛隊によるインド洋での米艦などへの燃料供給が終了
11月28日 防衛装備品をめぐる汚職事件で守屋武昌前防衛事務次官と妻を逮捕
12月10日 ノーベル平和賞に米元副大統領のゴア、地球温暖化問題に取り組む
12月19日 韓国大統領に李明博、一〇年ぶり保守政権

平成20年
2008

県内政治・経済

1月27日	旧真壁町長の平間小四郎死去、七一歳
2月6日	湊線新会社の公募社長に吉田千秋四三歳が決定
3月4日	神栖市議選で次点候補が逆転当選、市選管判断覆す
3月20日	元県議会議長で建設業、鈴縫工業会長の鈴木正義死去、八八歳
4月1日	ひたちなか海浜鉄道開業
	森林湖沼環境税導入
4月12日	北関東自動車道の笠間西IC—桜川筑西IC間が開通
4月13日	常陸大宮市長選で三次真一郎初当選

県内社会・文化

2月27日	JCO健康被害訴訟で水戸地裁、被害を訴えた夫妻の賠償請求を棄却
3月3日	「桜田門外の変」映画化支援組織、水戸で発起人会
3月23日	JR荒川沖駅と周辺で男が八人を刺し、男性二人死亡二人重体
3月26日	常磐線の東京駅延伸、五月着工、二〇一三年度開業へ
4月18日	牛久市のシャトーカミヤ、重要文化財指定を文化審答申
4月20日	柔道の全日本女子選手権七八㌔超級で塚田真希（下妻市出身）が七連覇、北京五輪への出場決まる

国内・世界

1月	中国製冷凍ギョーザを食べた一〇人の中毒症状が発覚。製品から高濃度有機リン系殺虫剤を検出
1月	同年一～三月期の非正規雇用者の割合が三四%と過去最高に。七～九月期はさらに〇・五ポイント更新。一方で失業問題も深刻化、小林多喜二作の『蟹工船』が大売れ
1月2日	投機資金流入で原油相場が急騰し、ニューヨーク・マーカンタイル取引所では国債指標油種が史上初めて一バレル一〇〇ドルをつける。その後、七月には一四〇ドル台後半まで上昇

【荒川沖駅通り魔事件】
8人連続殺傷事件があったJR荒川沖駅改札前を調べる捜査員＝2008年3月23日、土浦市荒川沖東2丁目

5月15日　茨城銀行新頭取に溝田泰夫内定
5月23日　ＪＡ県中央会会長にＪＡ茨城みどり理事長の市野沢弘就任へ
5月28日　副知事や常陽銀行頭取などを務めた青鹿明司死去、八七歳
6月14日　常総市長の杉田光良死去、七一歳
7月27日　常総市長選で長谷川典子無投票初当選
9月2日　大洗町長選で小谷隆亮無投票四選
9月7日　二〇〇七年度の県税収入が過去最高、初の四〇〇〇億円台
9月12日　常陸太田市の武藤建設が破産申請、負債二三億円、再建断念
9月17日　県医師会の政治団体「県医師連盟」が次期衆院選で県内全選挙区の民主党候補の推薦決定、後期高齢者医療制度に反発
10月26日　つくば市長選で市原健一再選
11月11日　茨城交通が民事再生法適用申請
11月23日　守谷市長選で会田真一三選
県議守谷市区補選で梶岡博樹初当選
12月5日　県議補選常陸太田市区で西野一無投票当選
12月18日　県議会で県議選の選挙区割り・定数改正条例案を可決
次期県議会議長に葉梨衛、同副議長に磯崎久喜雄選出
12月19日　日立建機（東京）が主力の土浦工場で非正規従業員約九〇〇人全員を削減へ

4月21日　県国保団体連合会職員が保険料一〇億円着服、県警は業務上横領の疑いで同職員逮捕
5月8日　水戸市内原で震度五弱を観測
5月17日　県立歴史館の公文書書庫が近く満杯となるも保管場所目途立たず
5月29日　水戸コミュニティ放送、六月中旬からネットで全国同時放送へ
6月10日　日本更生保護女性連盟の新会長に水戸市在住の前参院議員狩野安就任
6月20日　本県の公立小中学校の耐震化率四六・五％で全国四五位、全国平均六二・三％を大幅に下回る
6月27日　土浦市で家族三人殺害した男に水戸地裁土浦支部が心神喪失で無罪判決
7月14日　布川事件、東京高裁が再審支持
7月24日　第九〇回全国高校野球選手権記念茨城大会で常総学院（土浦市）が三年連続一二度目の優勝
8月5日　圏央道のつくば市大井で乗用車とトラックが衝突、四人死亡
9月1日　茨城大学長に池田幸雄理学部教授
9月13日　大子町の袋田の滝に新瀑台完成
10月6日　大分国体で一万メートル競歩出場の川崎真裕美（笠間市出身）が日本新で優勝
10月7日　つくば市在住の高エネ研名誉教授、小林誠にノーベル物理学賞
10月10日　つくば市にコミュニティFM「ラヂオつくば」開局、県内三局目
11月1日　第二三回国民文化祭いばらき二〇〇

したが、金融危機で一二月には四〇ドルを割り込む
1月11日　新テロ対策特別措置法が衆院で再議決、成立
1月22日　東証一万三〇〇〇円割れ、世界同時株安、連鎖続く
2月15日　文部科学省がゆとり教育転換、三〇年ぶり授業増へ
2月19日　千葉県沖でイージス艦が漁船と衝突、漁船の父子行方不明
3月2日　ロシア大統領選挙でプーチン前大統領のお墨付きを得たメドベージェフが圧勝、プーチンは首相に就任
3月14日　チベット暴動が起こる
4月9日　日銀総裁に白川方明副総裁昇格
4月15日　七五歳以上の後期高齢者医療制度スタート
4月30日　ガソリンにかかる揮発油税の暫定税率を復活させる税制改正法が衆院本会議で再可決成立
5月2日　二、三日に大型サイクロンがミャンマーを直撃。六月末現在で死者約八万四五〇〇人、行方不明者五万三八〇〇人
5月12日　中国でM8・0の四川大地震発生、死者約六万九〇〇〇人、行方不明者一万八〇〇〇人
6月8日　秋葉原通り魔事件発生、元派遣社員の二〇代男がダガーナイフで歩行者らを次々と刺し、七人殺害、一〇人に重軽傷を負わせた

八開幕

11月20日　二〇〇七年度の県内中学生の暴力行為、過去最多の一一八八件に

11月26日　県がノーベル物理学賞を受賞した江崎玲於奈、小林誠を名誉県民に選定すると発表

12月4日　収賄容疑で阿見町下水道課長逮捕

結城市が「新川和江賞」創設、同市内の小中高生対象に未来の詩人発掘

12月6日　サッカーJリーグ一部で鹿島アントラーズが二年連続六度目の優勝

12月20日　北関東道桜川筑西ＩＣ―真岡ＩＣ開通、栃木県と直結

12月23日　世界最高性能の大強度陽子加速器施設「Ｊ―ＰＡＲＣ」（東海村）が稼働

12月25日　日立港、常陸那珂港、大洗港の三港が統合し「茨城港」としてスタート、重要港湾同士の統合は全国初

6月14日　岩手・宮城で震度六強、死者・行方不明二三人

7月7日　主要国首脳会議（洞爺湖サミット）開幕（九日まで）

8月1日　福田改造内閣発足

8月8日　北京オリンピック開幕（二四日まで）、日本のメダル獲得数は金九、銀六、銅一〇

9月　米国証券大手リーマン・ブラザーズ破たんをきっかけに前年来のサブプライムローン問題が金融危機、世界不況へと発展

9月24日　福田康夫首相が辞任、麻生太郎内閣発足

10月7日　ノーベル物理学賞に南部陽一郎、小林誠、益川敏英

10月8日　ノーベル化学賞に下村脩

10月28日　株価大暴落によって日経平均株価が二六年ぶりに七〇〇〇円を割り込む

10月31日　日銀が〇・二％利下げ、景気悪化で七年半ぶり

11月4日　米大統領選で黒人初のバラク・オバマ（民主党）が初当選

11月17日　元厚生次官夫妻が刺殺され、翌日別の元厚生次官の妻が刺され重傷

12月10日　日本人学者四人にノーベル物理学賞と化学賞

平成21年

2009

県内政治・経済

1月16日	日野自動車、古河市の県開発公社用地六四ヘクタールを新工場用地予定と表明
1月23日	茨城交通、経営共創基盤（東京）に事業譲渡へ
	日立電線が非正規労働者八〇〇人を削減へ
1月26日	県建設業協会、一九五六年以来の賀詞交歓会をとりやめ、決起集会に
	県議の沢畠俊光（那珂郡区）死去、六六歳
1月30日	日立製作所が〇九年度七〇〇〇億円の赤字予想、半導体損失や円高直撃

県内社会・文化

1月22日	甲子園春のセンバツに下妻二高の出場決まる、県西地区では明野高以来二五年ぶり
1月28日	耕作放棄地が過去一〇年間で倍増、県が再生計画策定へ
2月23日	稲敷市の水道工事入札で稲敷署と県警は談合容疑で業者二人逮捕
3月1日	県内市町村職員の三人に一人が非正規職員であることが茨城労連の調査で判明
3月2日	文化勲章受章の洋画家森田茂死去、一〇一歳
	大相撲で稀勢の里（牛久市出身）が

国内・世界

2月6日	トヨタ自動車が歴史的な赤字、日産自動車も九日、世界で二万人削減など円高・デフレの影響。日本航空が政府管理下で再建を目指すなど大手企業の経営不振相次ぐ
3月10日	日経平均終値、バブル後の安値を更新して七〇五四円九八銭に
3月23日	野球の第二回ワールド・ベースボール・クラシック決勝で日本は韓国を破り二連覇。米大リーグではイチローが大リーグ史上初の九年連続二〇〇本安打を達成、ヤンキースの松井秀喜はワールドシリーズで日本人初

【あみアウトレット、オープン】
オープン初日から大勢の買い物客が詰め掛けた「あみプレミアム・アウトレット」＝2009年7月9日、阿見町吉原

で七〇〇〇人削減
2月8日 城里町長選で阿久津藤男初当選
3月16日 日立製作所社長に川村隆就任へ（四月一日付）
3月19日 水戸信用金庫に信金中央金庫が数十億円の資本支援決める、世界同時株安の影響
3月31日 リヴィン水戸店閉店
4月12日 稲敷市長選で田口久克初当選
4月19日 坂東市長選で吉原英一初当選
4月19日 筑西市長選で吉沢範夫初当選
4月25日 神栖で国内初の洋上風力発電、秋にも七基稼働へ
5月10日 常陸太田市長選で大久保太一無投票再選
5月12日 河内町長選で野高貴雄無投票五選
5月13日 県医師連盟が自民党県支部を離脱し民主党応援へ
5月28日 県住宅供給公社の〇八年度決算で約六六億七〇〇〇万円の赤字に
6月26日 水戸信用金庫理事長に塙由博
7月2日 橋本昌知事が秋の知事選で五選出馬を表明、保守分裂し自民党推薦の元国土交通事務次官小幡政人と選挙戦に
7月9日 「あみプレミアム・アウトレット」が阿見町にオープン
7月12日 利根町長選で遠山務返り咲く
8月25日 くめ納豆を製造販売するくめクオリティプロダクツが民事再生法適用を東京地裁に申請、ミツカングループ

関脇に昇進
3月8日 水戸協同病院内に筑波大附属病院水戸医療教育センターを四月開設
3月29日 水戸城大手門の左扉、坂東市の寺院で発見、明治中期に移送
超軽量飛行機が五霞村の河川敷に墜落し、二人死亡
4月19日 全日本女子柔道で下妻市出身の塚田真希八連覇
5月19日 旧玉里村出身の切り絵作家、滝平二郎死去、八八歳
6月18日 茨城空港サポーターズ発足、団長に元NHK会長の海老沢勝二
7月 県内全域でレジ袋有料化始まる
7月12日 つくば市で国際生物学オリンピック開幕（一九日まで）
7月28日 第九一回全国高校野球茨城大会で常総学院が四年連続一三度目の優勝
8月1日 水戸市に平和記念館が開館
8月13日 直木賞作家で桜川市出身の海老沢泰久死去、五九歳
9月30日 日立風流物をユネスコ無形文化遺産に登録
10月8日 龍ケ崎、土浦で竜巻、一六棟全半壊、三二八棟被害、六人軽傷
10月16日 北茨城市中郷町の陶芸工房でCO中毒、三人死亡
10月 高校生の就職、氷河期並み、内定五三%で下げ幅最大
11月3日 水戸市小吹町の「ケーズデンキスタジアム」が改修オープン、収容観客

の最優秀選手に選ばれるなど日本人の活躍顕著
4月5日 北朝鮮がミサイル発射、東北地方上空を通過
4月14日 北朝鮮が国連安保理議長のミサイル発射非難声明に反発して六カ国協議を離脱
4月16日 イチローが三〇八六安打、張本勲超え日本選手最多
4月21日 最高裁が和歌山毒物カレー事件で殺人罪に問われた林真須美被告の上告棄却、死刑確定へ
4月30日 米クライスラーが経営破綻し、六月一日にはGMも破綻
5月8日 大阪府の男子高校生らが成田空港での検疫で初の新型インフルエンザ国内感染者と確認され、八月には沖縄県の男性感染者が死亡、一二月には死者が一〇〇人を超え世界的に大流行
5月16日 民主党代表に鳩山由紀夫就任、幹事長には岡田克也起用
5月18日 スリランカ内戦終結
5月21日 裁判員制度がスタート
5月23日 韓国の盧武鉉前大統領が自殺、不正資金の疑惑捜査中
5月25日 北朝鮮が二回目の地下核実験、国連の制裁決議を無視
6月1日 米国自動車最大手のゼネラル・モーターズ（GM）が破綻、国有化へ
6月4日 足利事件でDNA不一致の無期懲役

本社が支援で合意
8月30日 橋本昌知事五選
衆院選で民主一～七区で当選
9月3日 自民党県連会長の山口武平、同日選大敗で引責辞任へ
9月13日 行方市長選で伊藤孝一初当選
東海村長選で村上達也四選
9月14日 自民党県連会長に岡田広参院議員
9月17日 元県議会議長の常井文男死去、八〇歳
10月4日 古河市長選で白戸仲久再選
10月11日 桜川市長選で中田裕再選
10月18日 鉾田市長選で鬼沢保平無投票再選
10月25日 石岡市長選で久保田健一郎初当選
11月8日 神栖市長選で保立一男再選
12月20日 龍ケ崎市長選で中山一生初当選
龍ケ崎市区県議補選で萩原勇初当選
12月29日 長寿荘（ひたちなか市）が日立市のホテル日航日立を買収

数一万二〇〇〇人に
11月6日 新型インフルエンザで医療関係者死亡（四〇代男性）、県内初
11月25日 県内初の裁判員裁判開く
11月26日 県警が筑波大病院職員を逮捕、食肉発注で収賄容疑
12月5日 サッカーＪ１で鹿島アントラーズが史上初の三連覇達成
12月15日 布川事件で最高裁が特別抗告棄却し再審確定
12月17日 本年度の全国体力テストで県の中学二年男子が全国一位に
12月18日 荒川沖九人殺傷事件で水戸地裁が金川真大被告に死刑判決

の男性が釈放され再審開始決定、一〇月に再審始まる
6月25日 歌手のマイケル・ジャクソンが麻酔薬による急性中毒と鎮静剤の投与が原因で急死、五〇歳
7月4日 北朝鮮が日本海に向け弾道ミサイル七発連射
7月5日 中国新疆ウイグル自治区でウイグル族と漢族の対立が激化、死者一五〇人を超え、負傷者一〇〇〇人の大規模暴動に発展
7月12日 東京都議選で民主党が五〇議席台に伸ばし初めて第一党に
8月2日 日本水泳連盟名誉会長、「フジヤマノトビウオ」古橋広之進が死去、八〇歳
8月3日 東京地裁で全国初の裁判員裁判がスタート
8月16日 世界選手権男子一〇〇メートルでウサイン・ボルト（ジャマイカ）が九秒五八の世界新記録
8月30日 衆院選で民主党大勝。自民党は歴史的大敗を喫し初の第二党に転落。九月一六日の特別国会で鳩山由紀夫民主党代表が首相に選出され、民主、社民、国民新党の連立内閣発足
9月1日 消費者庁発足
9月13日 米大リーグ・マリナーズのイチロー外野手が大リーグ史上初の九年連続二〇〇安打達成
10月9日 オバマ米大統領にノーベル平和賞

11月10日 俳優の森繁久彌死去、九六歳
11月19日 欧州連合大統領にベルギーのファンロンバイ首相を選出
11月 民主党の事業仕分けが行われ、八ッ場ダム中止、羽田空港ハブ化など話題になる
12月1日 一九六〇年の日米安全保障条約改定の際、核持ち込みの密約があったことを当時の外務次官らが証言
12月2日 日本画家で文化勲章受章者の平山郁夫死去、七九歳
12月6日 日本男子プロゴルフで石川遼（一八歳）が最年少賞金王

平成22年
2010

県内政治・経済

1月17日 五木田良一県議（水海道市区）、自宅で死去、七〇歳
2月2日 境町長選で野村康雄無投票三選
2月4日 日立製作所の新社長に中西宏明、川村隆会長兼社長は会長専任に
2月5日 茨城交通元会長、竹内成一死去、八五歳
2月7日 高萩市長選で草間吉夫再選
2月21日 阿見町長選で天田富司男初当選
2月28日 県議水海道市区補選で神達岳志初当選
3月1日 関東つくば銀行と茨城銀行が合併して「筑波銀行」が誕生、本店はつく

県内社会・文化

1月1日 中高一貫教育、日立市と古河市に新設で調整。〇八年度に緑岡（取りやめ）、並木で実績あり
1月19日 二〇〇八年度農業産出額は四二八四億円で全国二位に、千葉抜き一五年ぶり
1月21日 つくば風車訴訟で東京高裁、早大の賠償額を九〇〇〇万円に減額判決
2月2日 阿見町に予科練平和記念館オープン
2月4日 つくば風車住民訴訟で東京高裁、元助役にも賠償責任ありと判決
2月28日 日立市に県北初のミニFM放送局「FMひたち」が開局。県内四番目

国内・世界

1月1日 日本年金機構発足（社会保険庁廃止）
1月12日 ハイチでM7・0の大地震、死者二二万人以上
1月19日 日本航空、会社更生法適用申請
1月21日 米トヨタ、アクセル不具合で二三〇万台リコール
2月4日 大相撲の横綱朝青龍（高砂部屋）が暴行問題で引退
2月12日 バンクーバー冬季五輪開幕（二八日まで）
3月26日 栃木県足利市で一九九〇年五月に四歳女児が殺害された足利事件の再審判決公判で、菅谷利和被告の無罪確

【茨城空港開港】
茨城空港が開港し、アシアナ航空定期便の第1便からチマチョゴリを着て降り立つ韓国からの乗客＝2010年3月11日、小美玉市与沢

ば市
3月28日　下妻市長選で稲葉本治初当選
4月1日　日本医師会長に本県医師会長の原中勝征選出
4月4日　笠間市長選で山口伸樹無投票再選
小美玉市長選で島田穣一無投票再選
4月11日　鹿嶋市長選で内田俊郎四選
4月25日　つくばみらい市長選で片庭正雄初当選
5月6日　つくば市の新庁舎オープン
5月10日　高萩市住宅公社を破産処理、借金四七億円、三セクで返済へ
6月4日　菅内閣で大畠章宏衆院議員（本県五区）が経産相に就任
つくばエクスプレス（TX）が二〇〇九年度決算で初の経常黒字に
6月6日　県と春秋航空が茨城空港で茨城―上海便の就航で合意
6月16日　本県初の女性副知事起用、山口やちゑ保健福祉部長が兼務
7月11日　参院選茨城選挙区で自民・岡田広、民主・郡司彰が三選
かすみがうら市長選で宮嶋光昭初当選
7月25日　加藤浩一水戸市長、三選不出馬表明
9月13日　水戸商工会議所新会頭に和田祐之介内定
9月17日　菅直人改造内閣で大畠章宏衆院議員（本県五区）が経済産業相に
9月28日　県住宅公社、水戸地裁に破産申請
10月23日　山口武平県議が引退表明。一九五五

3月11日　茨城空港が開港
3月18日　日本芸術院賞に牛久市在住の洋画家山本文彦選ばれる
3月29日　建築界のノーベル賞といわれる米プリツカー賞に日立市出身の妹島和世が選ばれる
4月14日　NPO法人「宍塚の自然と歴史の会」（土浦市）が日本水大賞受賞、里山保全の実績評価
4月16日　真壁地区が本県初の重要伝統的建造物保存地区に選定される
茨城空港に初の国内路線スカイマーク神戸便が就航
4月18日　柔道日本選手権で下妻市出身の塚田真希が九連覇
5月5日　プロ野球選手、東映（現日本ハム）で監督を務めた田宮謙次郎（筑西市出身）が死去、八二歳
5月21日　石岡市の常陸国府跡が国史跡に
6月1日　「幕末と明治の博物館」（大洗町）が町営に移管
6月　「水戸福祉新聞」が廃刊、二〇年の歴史に幕
7月9日　布川事件の再審が水戸地裁土浦支部で始まる
7月14日　日製総合病院に救命救急センター新設、県北で初
7月29日　下妻市の関東鉄道常総線踏切で列車と車衝突、二人死亡一人負傷
8月17日　常陸太田市で日本最古の五億一一〇〇万年前カンブリア紀の地層が発見

定
3月31日　平成の大合併終結、市町村数半減へ
高校無償化法が成立、公立は授業料不要
4月20日　米南部ルイジアナ州沖のメキシコ湾の石油掘削基地が爆発、海底の油井から大量の原油が流出し海を汚染
4月　家畜伝染病の口蹄疫が宮崎県で確認され、感染は五市六町に拡大
6月4日　沖縄県の米軍普天間基地移設で日米合意、迷走した鳩山内閣は総辞職
6月8日　菅直人内閣が誕生
6月13日　小惑星探査機「はやぶさ」が七年ぶりに地球に帰還
6月21日　女子プロゴルファーの宮里藍が世界ランキングで日本人初の一位に
6月　猛暑が全国を襲う。気象庁によると六～八月の平均気温は統計を取り始めた一八九八年以降で最高に
7月12日　参院選で民主党が四四議席で大敗。自民党は五一議席で改選第一党、みんなの党が一〇議席を獲得し躍進
7月　所在不明の高齢者が続々と判明。東京都足立区で戸籍上一一一歳の男性の遺体が見つかったのを契機に、全国で所在確認調査が実施された
8月5日　チリ鉱山で落盤事故が発生、作業員三三人が閉じ込められたが一〇月一三日、六九日ぶりに全員を救出した
9月10日　大阪地裁は郵便制度悪用に絡んで虚偽有印公文書作成・同行使の罪に問

	年の県議選で初当選、現職の都道府県議では最高齢で在職期間一四期五五年は最長、自民党県連会長として約三五年間、県政界をリードした
11月14日	ひたちなか市長選で本間源基無投票三選
12月12日	県議選で自民安定勢力維持、民主は不振六議席
12月12日	大子町長選で益子英明初当選
12月22日	日野自動車、古河市に工場用地取得

	される
10月16日	映画「桜田門外ノ変」全国で封切り
10月22日	ユニセフ県支部発足
11月16日	ユネスコの無形文化遺産に結城紬登録
11月29日	日本芸術院会員に牛久市在住の洋画家山本文彦
12月6日	日本SF大賞に日立市の長山靖生
	県遺族会、海外慰霊巡拝中止へ
12月17日	JR取手駅前で停車中のバスに刃物男、乗客一四人けが、二七歳無職男を逮捕

	われた元厚生省局長村木厚子被告に無罪を言い渡し確定
9月14日	民主党代表選で菅直人再選
9月	沖縄県尖閣諸島周辺の日本領海内で中国漁船が海上保安部の巡視船に衝突、中国人船長が逮捕
9月27日	北朝鮮の金正日総書記の後継者に三男金正恩が決まる
10月6日	ノーベル化学賞に根岸英一、鈴木章。同平和賞に服役中の中国人民主活動家の劉暁波
10月27日	中国の次期指導者に習近平確定
11月2日	米中間選挙で与党民主党が敗北
11月23日	韓国海軍の哨戒艇が三月に黄海で沈没、兵士四六人死亡・行方不明。北朝鮮の魚雷が原因と発表、北朝鮮は一一月二三日、韓国延坪島を砲撃、民間人二人、兵士二人死亡
12月15日	諫早湾干拓訴訟、国が上告断念（水門の開放決定）

平成23年
2011

県内政治・経済

1月14日	菅内閣改造で大畠章宏経産相が国交相に横滑り
1月23日	八千代町長選で大久保司四選
1月27日	日立製作所が操業一〇〇周年を記念し日立市へ本年度から一〇年間一千万円ずつ、計一億円を寄付することを表明
1月30日	那珂市長選で海野徹初当選
	潮来市長選で松田千春無投票再選
2月22日	日立市の樫村千秋市長引退表明
3月1日	英国高速鉄道、日立製作所が受注へ車両製造で総額六〇〇〇億円
4月17日	日立市長選で吉成明無投票初当選

県内社会・文化

1月17日	第一四四回直木賞に道尾秀介（つくばみらい市在住）の「月と蟹」
2月1日	茨城空港で札幌、名古屋便就航、計五路線に
3月11日	県内で震度六強、東日本大震災発生し、本県では津波などで四人死亡
3月12日	東日本大震災での本県の死者は一六人に。福島県では東電福島原発が建屋爆発し、放射能汚染が拡大
3月13日	東日本大震災で県内の住宅損壊は一万戸超、北茨城の六角堂流失
3月19日	東日本大震災の影響で、鉾田周辺の中国からの実習生四〇〇人が帰国し

国内・世界

1月20日	中国の二〇一〇年国内総生産（GDP）、日本を抜き世界第二位へ
1月31日	民主党の小沢一郎、強制起訴に
2月6日	八百長問題で大相撲春場所中止、二五人の力士を角界追放
2月11日	エジプトのムバラク大統領退陣、三〇年続いた独裁体制に幕
2月22日	ニュージーランドのクライストチャーチ市付近でM6・3の直下型地震が発生、市中心部のビルが崩壊、日本人留学生二八人含む一八〇人余が死亡
3月11日	宮城県沖を震源とする東日本大震災

【東日本大震災】
東日本大震災による津波の被害に遭った海岸沿いの住宅地＝2011年３月17日、北茨城市平潟町

4月19日 茨城町長選で小林宣夫無投票再選
五霞町長選で染谷森雄無投票再選
4月24日 取手市長選で藤井信吾再選
美浦村長選で中島栄再選
5月11日 常陽銀行次期頭取に寺門一義内定
5月29日 水戸市長選で高橋靖初当選
6月5日 北茨城市長選で豊田稔通算四選
6月6日 つくばエクスプレス（TX）の二〇一〇年度輸送実績一億人突破、純利益は開業以来最高の二一億円に
6月16日 土浦協同病院の移転先、同市おおつ野地区に決定
6月28日 JA茨城五連会長に加倉井豊邦就任
7月14日 震災復興へ県のアンテナショップが東京・銀座にオープン
7月28日 県央の九首長ら県原子力安全協定の広域化を県に要望
8月1日 汚染牛肉問題で県内肉牛の全頭検査始まる
8月3日 日立製作所がテレビ生産撤退、海外委託へ
8月4日 日立製作所と三菱重工業が経営統合の協議開始で基本合意
8月7日 結城市長選で前場文夫初当選
9月22日 県議の鶴岡正彦、水戸市内のホテルで死亡
9月25日 牛久市長選で池辺勝幸三選
10月 トラックメーカー大手の日野自動車（東京都）が古河市に中核工場建設に着手
10月30日 土浦市長選で中川清無投票三選

農業に打撃
3月27日 県の広報番組として三一年間続いたフジテレビの「おはよう茨城」終了
4月7日 JR常磐線日立駅、自由通路・橋上駅舎が完成
4月11日 鉾田で震度六弱、龍ケ崎で一人死亡
4月22日 天皇・皇后両陛下が北茨城市を訪問、東日本大震災の被災者を励ます
5月24日 布川事件で水戸地裁土浦支部が再審判決公判を開き、仮釈放されていた二人に無罪判決を言い渡す
5月31日 朝日トンネル（石岡市―土浦市）が貫通、二〇一三年三月供用へ
6月7日 水戸地検、布川事件で控訴断念決定 二人の無罪確定
6月18日 日展茨城展が県近代美術館で開幕（七月一八日まで）
6月25日 東日本大震災で被災したひたちなか海浜鉄道・那珂湊～中根駅間運行再開
6月27日 大相撲で高安（土浦市出身）新入幕
6月28日 公取委、県の官製談合認定方針、五〇社に課徴金四億円
6月30日 NHKが今秋放送のBS時代劇に「塚原卜伝」を製作すると発表
7月1日 B型肝炎訴訟で茨城弁護団結成
7月4日 東電副社長が県庁を訪問し知事に謝罪、原発対応策を説明
7月15日 TBS、「水戸黄門」放送を今年で終了と発表
8月4日 官製談合事件で公正取引委員会が県

が発生、震度は世界最大級のM9・0、死者・行方不明者は東北三県、茨城、千葉県で二万八千人を超えた。震災に伴い福島第一原発ではメルトダウンが起き、放射能汚染広がる
5月2日 米特殊部隊はパキスタンの首都イスラマバード郊外で国際テロ組織アルカイダの指導者ウサマ・ビンラディン容疑者の隠れ家を急襲し、殺害
5月 スイスは五月、東電福島第一原発事故を受け、二〇三四年までに既存の原子炉五基を停止させる脱原発の政策を決め、ドイツは六月、二二年までに国内原発一七基をすべて停止し、エネルギー政策を転換することを閣議決定
7月 七月から続いた大雨の影響でタイ各地で大規模な洪水が発生、一〇月には日系企業が多く入居するアユタヤ県の工業団地も浸水
7月 電力不足で東電は震災直後から地域ごとに交代で電気を止める「計画停電」を初めて実施
7月17日 サッカー女子W杯でなでしこジャパンが米国を破り世界一に
7月23日 中国温州市で北京発の高速列車が前を徐行していた列車に追突、四〇人が死亡、一九〇人が負傷
8月30日 菅首相が退陣し、野田佳彦内閣が九月二日誕生
10月20日 リビアのカダフィ大佐が反体制派と

に改善措置要求
8月25日　Ａ級戦犯一四人の書、大子町の個人宅で発見
東電社長来県し、橋本知事に謝罪
9月1日　県が四四市町村に放射線監視装置設置へ
9月22日　台風一五号で水戸市の西田川氾濫
9月27日　茨城大、常磐大、常磐短大が単位互換で合意協定
10月20日　原発防災エリア三〇キロに拡大
10月29日　サッカーＪリーグのヤマザキナビスコ杯で鹿島アントラーズが優勝
11月15日　二〇一〇年国勢調査で守谷市の人口増が全国三位、増加率一六％増
11月24日　城里産のコメが「うまい米」日本一に
11月30日　稀勢の里、大関昇進決定
12月21日　政府の国際戦略総合特区につくば指定
12月22日　県議選襲撃事件で元暴力団組員に間接証拠で殺害認定、懲役二〇年判決
12月28日　東海第二、原子力安全協定三〇キロ圏で協議

の戦闘で死亡
10月31日　円、戦後最高値、一ドル＝七五円三二銭
11月　〇九年にギリシャで表面化した欧州の財政危機はアイルランド、ポルトガル、スペイン、イタリアなどに拡大
11月11日　野田首相訪米、オバマ大統領と会談し、ＴＰＰ交渉への参加表明
11月21日　オウム裁判終結
11月27日　一一月の大阪市長選で「大阪維新の会」代表で府知事を辞任して出馬した橋下徹が圧勝。知事選も同幹事長の元府議が当選。二月の名古屋市長選では「減税日本」公認の河村たかしが大差で再選され、愛知県知事選では連携する前衆院議員の大村秀章が初当選
12月17日　北朝鮮の金正日総書記死去、六九歳。三男、正恩体制に移行
12月30日　東日本大震災の人的被害は死者一万五八四四人、行方不明者三四五一人、避難者は一二月一五日現在三三万四七八六人

平成24年
2012

県内政治・経済

2月18日	民主党県連会長に郡司彰再任
3月5日	福島第一原発事故の影響で出荷停止や風評被害を受けたとして茨城県の農畜産、水産、観光などの団体が東京電力に総額四六三億円を超える損害賠償を請求。また、県内二五市町村なども総額七億円を超える請求をし、県も請求準備へ
3月9日	復興庁は県と一三市町村が共同で申請した「茨城産業再生特区」を認定
3月30日	県開発公社がワープステーション江戸（つくばみらい市）を譲渡
4月8日	常陸大宮市長選で三次真一郎無投票

県内社会・文化

1月19日	水戸室内管弦楽団の音楽顧問小澤征爾が水戸芸術館で開かれた定期演奏会で二年ぶりに指揮
1月22日	全国都道府県駅伝（広島市）で本県勢は過去最高の六位入賞
2月7日	東日本大震災で被災した水戸市の偕楽園好文亭が復旧し開園
2月8日	ひたちなか市の十五郎穴から正倉院宝物似の刀が出土
2月17日	県版レッドデータブック（植物編）の絶滅危惧種、五七八種に拡大
3月3日	県立カシマサッカースタジアムが被災から完全復旧

国内・世界

2月29日	東京スカイツリー完成、五月二二日開業
3月4日	ロシア大統領選でプーチン首相が四年ぶりに復帰
3月16日	評論家で詩人の吉本隆明死去、八七歳
4月2日	ミャンマー連邦議会補欠選挙でアウン・サン・スー・チー勝利、民主化進む
4月11日	北朝鮮の金正恩が朝鮮労働党第一書記に就任、新体制が発足
4月29日	群馬の関越道で高速バス衝突、七人死亡

【つくば市竜巻】
竜巻で大きな被害を受けたつくば市北条地区
＝2012年5月6日

再選
6月4日　野田改造内閣で参院議員郡司彰が農林水産大臣に就任
6月11日　県経営者協会長に鬼沢邦夫
6月22日　県信用組合理事長に渡辺武、幡谷祐一理事長は代表権のある会長に
6月27日　つくば銀行新頭取に藤川雅海就任
7月8日　常総市長選で高杉徹初当選
7月25日　日立製作所が英高速鉄道の車両製造や保守事業を一括受注
9月9日　大洗町長選で小谷隆亮五選
9月27日　放射性セシウムを含む焼却灰の指定廃棄物最終処分場を高萩市の国有林に建設したいとする国に、草間吉夫高萩市長が断固反対を表明
10月1日　県のインターネットテレビ「いばキラTV」が県庁四階に開局
10月5日　自民党県連が来夏の参院選で前副知事の上月良祐擁立
10月23日　連合茨城の次期会長に和田浩美
10月28日　つくば市長選で市原健一三選
11月5日　高橋靖水戸市長が東日本大震災で被災した市庁舎を現在地に建て替える方針を表明
11月11日　守谷市長選で会田真一四選
11月13日　県のアンテナショップ「茨城マルシェ」が銀座にオープン
11月16日　古河市の白戸仲久市長がリコール運動を受けて辞職表明
12月8日　冨山省三前筑西市長が死去、七四歳
12月16日　衆院選挙、県内七選挙区で自民五、

3月31日　常磐道の無料化終了
4月26日　鹿行大橋が開通（東日本大震災で崩落）
5月6日　つくば市で国内最大級の竜巻が発生、一人死亡四二人負傷、一〇八二棟損壊
5月22日　文化勲章受章者で音楽評論家、水戸芸術館長の吉田秀和死去、九八歳
5月24日　新「湊大橋」（水戸市―ひたちなか市）供用開始
6月6日　神栖ヒ素問題で県が被害住民側と六〇〇〇万円支払いで和解
6月9日　二〇一一年度の生活保護受給者二万四四一九人で一八年連続増
7月3日　ラムサール条約に渡良瀬遊水地登録
7月16日　県自然博物館の初代館長、中川志郎死去、八一歳
9月18日　水城高野球部監督の橋本実死去、六四歳。甲子園九度の名将
9月21日　東京医科大茨城医療センターが診療報酬不正請求で保険医療機関指定取り消し
9月25日　古河市で文化センター建設中止を求め市長リコール署名提出
10月1日　県いじめ解消サポートセンター、県内五教育事務所に開設
10月31日　原子力規制委員会が原子力災害対策指針決定、原発周辺の重点区域を現行の半径一〇キロ圏から三〇キロ圏に拡大、東海第二の対象市町村は五市町村から一四市町村に

5月5日　国内原発五〇基が全停止
6月6日　三笠宮寛仁さま死去、六六歳
6月26日　社会保障と税の一体改革関連法案、衆院本会議で可決
7月　東京電力が破たんを回避するため政府から公的資金一兆円の資金投入を受け実質国有化
7月4日　欧州合同原子核研究所がヒッグス粒子と見られる新粒子発見
7月11日　民主党を除名された小沢一郎元代表らが新党旗揚げ、反増税の衆参議員四九人で
8月10日　自民、公明、民主三党などの賛成多数で消費税増税法案が成立
8月　夏のロンドン五輪で日本は金七、銀一四、銅一七と過去最多のメダル三八個を獲得。三大会連続で優勝したレスリングの吉田沙保里選手には一一月、国民栄誉賞が贈られた
9月11日　国が尖閣諸島を国有化し日中関係悪化、八月には韓国の大統領が竹島を訪問し日韓関係も悪化
9月19日　原子力規制委員会発足
10月1日　米軍オスプレイ沖縄配備
新日本製鉄と住友金属工業が合併し「新日鉄住金」発足
野田佳彦第三次改造内閣発足
10月8日　ノーベル医学生理学賞に山中伸弥京都大教授
10月　ユーロ圏の失業率が一一・七%と過去最悪を記録、欧州債務危機深刻化

民主一と自民圧勝

12月16日 古河市長選で菅谷憲一郎初当選

11月3日 鹿島アントラーズがヤマザキナビスコ杯で二年連続五度目の優勝

11月28日 常磐大学の諸澤英道理事長と妻の理事が経営問題で解任される

10月25日 石原慎太郎東京都知事が辞職、新党結成へ

11月7日 米大統領選でオバマ再選

11月15日 中国共産党総書記に習近平、新指導部発足

12月2日 山梨県の中央道笹子トンネルで天井板崩落九人死亡

12月12日 北朝鮮がミサイル発射

12月16日 解散に伴う衆院選で自民圧勝、民主惨敗。自公が政権を奪取し二六日に第二次安倍晋三内閣が発足

12月19日 韓国大統領選で与党セリヌ党のパククネが初の女性大統領に当選

平成25年 2013

県内政治・経済

1月25日	参院議員長谷川大紋が引退表明
2月17日	城里町長選で阿久津藤男再選
	土浦駅前再開発ビル核店舗イトーヨーカドーが閉店、三九年の歴史に幕
2月19日	県西地区の一一市町が災害時相互応援に関する協定締結
3月28日	衆院小選挙区区割り改定で東海村が五区に編入
	マリーナ電子（笠間市）、地域経済活性化支援機構が再生支援
4月1日	日立パワーソリューションズ誕生（日立エンジニアリング・アンド・サービス、日立協和エンジニアリング、

県内社会・文化

1月14日	県内地震、二〇一二年の八三四回は全国最多
1月18日	「西ノ内紙」（常陸大宮市）など紙すき用具や製品が登録有形民俗文化財に指定
1月29日	筑波大新学長に永田恭介
2月21日	土浦市の荒川沖連続殺傷事件の金川真大死刑囚の刑執行
3月1日	東京医大茨城医療センター、保健医療機関に再指定
	東海第二原発安全対策完了
3月6日	東海第二原発再稼働には地元同意三〇キロ圏と橋本知事確認

国内・世界

1月16日	アルジェリアの油田をイスラム武装勢力が襲撃、多数の外国人が人質となり、日本人一七人のうち掃討作戦で一〇人が犠牲となる
1月19日	元横綱大鵬（本名・納谷幸喜）が死去、七二歳
1月30日	安倍首相が衆院本会議で憲法改正表明
2月12日	北朝鮮が三度目の核実験、金正恩体制下で初
	グアムで無差別殺傷事件、潮来の五一歳男性ら邦人三人死亡、負傷者一〇人に

【イトーヨーカドー土浦店閉店】
イトーヨーカドー土浦店閉店で、お辞儀をしてシャッターを閉じる関係者＝2013年２月17日、土浦市大和町

日立設備エンジニアリング、日立エレクトリックシステムズが合併)

4月7日　坂東市長選で吉原英一再選
4月14日　筑西市長選で須藤茂初当選
稲敷市長選で田口久克再選
4月21日　水戸中心市街地でカスミ閉店
4月24日　水戸市大工町の再開発完工
5月12日　常陸太田市長選で大久保太一無投票三選
5月14日　東海村議会特別委、廃炉請願不採択
5月19日　河内町長選で雑賀正光初当選
7月21日　参院選で自民・上月良祐、民主・藤田幸久当選
利根町長選で遠山務四選
7月24日　村上達也東海村長が引退表明
7月26日　民主党幹事長に本県選出大畠章宏
8月6日　民主党参院議員会長に本県選出郡司彰
9月1日　日立市の秦病院が社会医療法人に認定、「ひたち医療センター」に改称
9月8日　県知事選で橋本昌六選
行方市長選で鈴木周也初当選
東海村長選で山田修初当選
10月11日　自民党県連岡田広会長辞任
10月13日　桜川市長選で大塚秀喜初当選
10月25日　自民党県連新会長に梶山弘志衆院議員(四区)
10月27日　鉾田市長選で鬼沢保平三選
石岡市長選で今泉文彦初当選
11月10日　神栖市長選で保立一男三選
12月12日　寺門一義常陽銀行頭取、全国地方銀

3月23日　高校NIE全国大会、水戸市で開幕
3月24日　元大関雅山が引退
3月31日　水戸芸術館館長に指揮者の小澤征爾就任
4月1日　「たかはぎFM」(高萩市)が開局
県警が「県民安心センター」開設
4月9日　外来毒グモ、神栖で発見
4月23日　日立市で犬養毅の演説レコード発見
5月1日　県など設立の「出会いサポートセンター」開設六年一一カ月で成婚一〇〇〇組突破
5月13日　江戸川乱歩賞に取手市在住の図書館職員、竹吉優輔
5月25日　東海村のJ—PARCで六人被ばく、翌二六日、新たに二四人被ばく
5月31日　J—PARKの事故報告書提出
6月3日　北茨城市で津波被災者ら高台移転に合意
7月7日　道の駅「まくらがの里」(古河市)オープン
7月18日　水戸市民甘党全国一位
8月17日　「関東タイムス」(古河市)休刊
8月18日　全国高校野球選手権大会で常総学院八強進出
8月19日　茨城空港ミャンマー便就航調印
8月30日　「常陽新聞」廃刊
9月3日　「月刊びばじょいふる」創刊三五年
9月26日　民間シンクタンクの地域ブランド調査で本県最下位
11月15日　五浦海岸、六角堂、天心邸など県内初の国登録記念物にするよう文化財

3月15日　安倍首相がTPP交渉への参加を正式表明
3月20日　日銀総裁に黒田東彦就任、異次元の金融緩和を実施、円安・株高に
4月8日　マーガレット・サッチャー元英国首相死去、八七歳
4月15日　ボストンマラソンで爆発、三人死亡一七六人けが、無差別爆弾テロ
4月19日　ネット選挙解禁、改正公選法が成立
5月5日　プロ野球元巨人軍監督の長嶋茂雄と巨人、米大リーグで活躍した松井秀喜に国民栄誉賞
5月18日　北朝鮮が日本海側にミサイル三発発射
6月22日　ユネスコが富士山を世界遺産に登録
7月3日　エジプトで軍クーデター、モルシ大統領を解任
7月21日　参議院選挙で自民圧勝、ねじれ解消
9月7日　国際オリンピック委員会総会で東京が二〇二〇年の夏季オリンピック開催都市に決定
11月3日　プロ野球の楽天は球団創設九年目で初の日本一に
11月8日　台風三〇号がフィリピン中部を直撃し、六〇〇〇人以上が死亡、行方不明者も二〇〇〇人の大被害に
11月　米国の駐日大使にケネディ元大統領の長女、キャロライン・ケネディ
11月20日　衆議院の上告審判決で最高裁は小選挙区制の区割りを「違憲状態」と判定、議員定数の「〇増五減」を評価

	行会長に
12月15日	龍ケ崎市長選で中山一生無投票再選
12月19日	笠間市が「乾杯条例」制定

	審議会が文科大臣に答申
12月1日	新常陽新聞社設立、「常陽新聞」復刊へ
12月24日	FM大子開局、県内六局目

12月6日	機密漏えいに最高で懲役一〇年を科す特定秘密保護法が成立
12月	中国でPM2・5を含む大気汚染が深刻化
12月12日	北朝鮮ナンバー2、張成沢を粛清

平成26年

2014

県内政治・経済

1月26日	高萩市長選で小田木真代初当選
1月27日	大子町が栃木、福島両県の二市五町と「八溝山周辺地域定住自立圏形成協定」締結
2月4日	境町長選で橋本正裕無投票初当選、三八歳、県内最年少首長誕生
2月23日	阿見町長選で天田富司男再選
3月7日	県議選高萩市区補選で岡田拓也初当選
3月23日	下妻市長選で稲葉本治無投票再選
3月26日	サイバーダイン（つくば市）、東証マザーズに上場、筑波大発ベンチャーでロボットスーツ開発
4月1日	日立製作所社長に東原敏昭、中西宏明社長は会長に
	新日鉄住金社長に新藤孝生
4月4日	県議選鹿嶋市区補選で田口伸一無投

県内社会・文化

1月17日	「常陸大子のコンニャク栽培用具及び加工用具」が国の登録有形民俗文化財に登録
1月23日	茨城放送（水戸市）と栃木放送（宇都宮市）が災害時相互支援協定締結
1月30日	総務省二〇一三年調査で日立市の転出超過数が一四八五人と全国市町村で二番目に多かった
3月5日	原電と周辺一一市町村が原子力協定見直しをめぐり覚書締結
3月15日	県警初の女性署長を内示
3月18日	常陸太田市の鉄造阿弥陀如来立像と土浦市の武者塚古墳出土品を国指定重要文化財に指定
3月27日	袴田事件の再審決定
3月28日	首都直下地震、本県三九市町村を「緊急対策区域」に指定

国内・世界

1月15日	広島県沖で自衛艦と釣り船衝突、二人死亡
1月28日	理化学研究所の小保方晴子研究員がSTAP細胞作成を英科学雑誌ネイチャーに発表するも、四月に論文の不正が判明、共著者が八月に自殺、検証実験で存在が事実上否定された
2月9日	東京都知事に舛添要一
2月14日	ソチ五輪でフィギュアの羽生結弦が金メダル
3月18日	ロシア大統領がクリミア編入宣言
4月1日	消費税を五％から八％に引き上げ（消費増税は一七年ぶり）
4月16日	韓国の旅客船が沈没、死者・行方不明者三〇〇人以上
5月21日	大飯原発（福井県）の再稼働認めず、福井地裁判決

【サイバーダインが上場】
東証マザーズに上場したサイバーダイン（つくば市）の山海嘉之社長（左）とロボットスーツ「HAL」を着用する男性＝2014年3月26日、東京・日本橋兜町の東京証券取引所

票初当選

4月6日　小美玉市長選で島田穣一無投票三選

4月14日　鹿嶋市長選で錦織孝一初当選

笠間市長選で山口伸樹三選

4月18日　茨城空港でスカイマークが福岡、名古屋の二路線開設

ジョイフル本田（土浦市）が東証上場

4月27日　つくばみらい市長選で片庭正雄再選

4月30日　城里町議会が本年度予算案を否決、「町の説明不十分」と

5月19日　カスミとイオン系列二社が経営統合で合意

6月2日　日本貿易振興機構（ジェトロ）の本県拠点となるジェトロ茨城が水戸市に開所

6月16日　民主党参院議員会長に郡司彰再選

6月17日　筑西市役所、本庁舎の駅前移転決定

7月13日　かすみがうら市長選で坪井透返り咲く

7月23日　阿久津藤男城里町長が辞意表明、不信任案提出受け

8月1日　県北五農協合併、「JA常陸」誕生

9月21日　城里町長選で上遠野修が初当選、三六歳で県内最年少首長

10月8日　本県の銘柄牛「常陸牛」のベトナム輸出決まる

11月16日　ひたちなか市長選で本間源基四選

12月14日　衆院選県内小選挙区で自民五、民主一、同日の県議選で自民大勝、同日の大子町長選で綿引久男が返り咲き

4月27日　那珂・額田城主の古文書発見

5月20日　東海第二原発の安全審査申請

6月1日　防災拠点公園として神栖中央公園（神栖市）が開園

6月3日　栃木女児殺害男逮捕、発生八年半で

6月4日　水戸市農業委員ら、農地法違反で五人逮捕

6月7日　CATV三社、夏の高校野球中継の共同制作決める

県が創設した第一回「いばらきショートフィルム大賞」に「ストロボ」が選ばれる

6月10日　栃木市のケーブルテレビが六月末から筑西市の下館駅南口周辺にエリア拡大

6月19日　天狗党挙兵一五〇年を記念し、水戸市立博物館が天狗・諸生の両派に光を当てた写真展開催

7月18日　国の文化財審議会は大子町の旧上岡小学校、旧黒沢中学校、結城市の鈴木新平商店の見世蔵を国登録文化財に指定するよう答申

7月23日　日本体育協会は二〇一九年の国体開催地を茨城県に内定

7月27日　高校生の文化芸術の祭典「第三八回全国高校総合文化祭」が本県で開幕

7月28日　茨城空港に隣接する「空のえき　そ・ら・ら」がオープン

8月6日　県は東海第二原発事故に備え、半径三〇キロ圏の一四市町村住民約九六万人の避難先案を発表。県内が四四

6月21日　富岡製糸場（群馬県）の世界遺産決まる

6月29日　イラクとシリアで活動するイスラム教スンニ派の過激派が「イスラム国」樹立を宣言。米国など有志連合が空爆開始

7月1日　安倍内閣、集団的自衛権行使を容認する閣議決定

7月17日　ウクライナ東部でマレーシア旅客機撃墜され、二九八人死亡

8月19日　広島市で土砂崩れ、死者五〇人、行方不明三八人

9月3日　第二次安倍改造内閣発足

9月18日　英国北部スコットランドで独立を問う住民投票実施、否決される

9月27日　御嶽山が七年ぶりに噴火、登山客ら五七人が死亡、六人が行方不明、戦後最悪の被害。広島市では八月、記録的豪雨で土砂災害発生し、七四人が死亡

10月4日　ノーベル物理学賞を赤崎勇、天野浩、中村修二の三人が青色発光ダイオード開発で受賞。パキスタンでイスラム過激派に銃撃された少女マララさんにノーベル平和賞

10月31日　日銀が追加金融緩和、株価上昇、円安加速する。同日、米国ではFRBが量的緩和を終了し株価は史上最高値をつける

11月4日　米国中間選挙で民主党惨敗、路線の違いで国防長官辞任

万人、県外が五二万人

9月2日　一二年に一度行われる鹿島神宮の式年大祭が常陸利根川などで勇壮に行われた

9月8日　社会人野球の全日本クラブ選手権で本県の茨城ゴールデンゴールズが六年ぶり三度目の優勝

10月3日　障害者ゴルフの第一回世界選手権大会が一五カ国参加し、土浦市で開催

10月4日　ひたちなか海浜鉄道湊線に五二年ぶりに新駅「高田の鉄橋駅」完成

10月6日　全国魅力度ランキングで本県二年連続最下位、過去六回の調査で五回最下位に

10月14日　プロ野球楽天監督に大洗町出身の大久保博元

12月21日　サッカー全日本大学選手権で流通経済大が初優勝

11月16日　沖縄県知事選で辺野古移設反対の翁長真弘が現職破り初当選

12月14日　第四七回衆議院議員選挙（自民二九一、公明三五、民主七三、維新四一、共産二一）

12月　エボラ出血熱が西アフリカで猛威、死者七〇〇〇人を超える

12月24日　第三次安倍内閣発足

平成27年
2015

県内政治・経済

1月6日 常陽銀行（本店水戸市）と日本政策投資銀行（東京）が共同で「地方創生ファンド」立ち上げ
1月9日 長時間労働の是正に向け茨城労働局が「働き方改革推進本部」設置
1月14日 二〇一四年の東京都中央卸売市場の本県産青果物取扱高、一一年連続首位に
1月18日 八千代町長選で大久保司再選
2月 笠間焼、フランスに輸出
2月1日 那珂市長選で海野徹再選
2月8日 潮来市長選で原浩道初当選
2月15日 水戸市のイオン下市店が閉店、三三

県内社会・文化

1月28日 スカイマーク破綻
2月23日 茨城新聞社が水戸市南町に「みと・街・情報館」開設
3月9日 ケネディ駐日米大使が水戸市の偕楽園訪問
3月14日 常磐線上野東京ライン開業
3月20日 「第四回科学の甲子園全国大会」がつくば市で開幕
3月29日 圏央道、東北道と接続
4月2日 鹿島学園理事長兼校長を強姦致傷と逮捕監禁の疑いで逮捕
4月5日 茨城大学が茨城学を開設
4月12日 水戸東武館が移転完成

国内・世界

1月18日 民主党新代表に岡田克也
1月20日 イスラム国、日本人二人を殺害すると身代金要求、その後殺害
2月3日 日本サッカー協会がアギーレ日本代表監督解任、八百長告発受理で
3月1日 常磐道が全線開通（浪江—常磐富岡間）
3月12日 サッカー日本代表監督にハリルホジッチ
3月17日 関西電力の美浜原発一、二号機、日本原電の敦賀原発一号機の廃炉決定
3月19日 チュニジア博物館テロで邦人三人死亡、三人負傷

【関東・東北豪雨】
関東・東北豪雨で鬼怒川の堤防が決壊、濁流に流された乗用車＝2015年９月10日、常総市本石下

年の歴史に幕
2月24日 日立製作所がイタリアの鉄道事業買収
3月27日 二〇一四年の工場立地件数、同面積、県外企業の立地件数で本県が二年連続一位独占
4月19日 日立市長選で小川春樹無投票初当選
4月21日 茨城町長選で小林宣夫三選
五霞町長選で染谷森雄三選
美浦村長選で中島栄三選
4月26日 水戸市長選で高橋靖再選
取手市長選で藤井信吾三選
5月9日 プレミアム商品券、県内全市町村で販売へ
5月24日 消費税増税の影響でヤマダ電機が四六店舗一斉閉鎖、県内は七店
5月31日 北茨城市長選で豊田稔五選
6月15日 全国農業者農政運動組織連盟（全国農政連）会長にJA県中央会長の加倉井豊邦
7月3日 県教育長、参院議員などを歴任した小林元死去、八二歳
7月8日 水戸市が中心市宣言
7月12日 県議選東茨城郡南部区の再選挙で長谷川重幸初当選
7月28日 英国の鉄道運行システム、日立が四六億円で受注
8月2日 つくば市運動公園計画住民投票で反対八割、市長白紙撤回へ
8月9日 結城市長選で前場文夫再選
9月14日 牛久市長選で根本洋治初当選

4月17日 筑波大附属病院（つくば市）を二次被ばく医療機関に指定、県内の二次機関は水戸医療センター（水戸市）、県立中央病院（笠間市）の三病院に
4月24日 旧弘道館が日本遺産に認定
5月29日 ラムサール条約に涸沼が正式登録
6月13日 日本詩人クラブ会長に武子和幸（ひたちなか市）
7月17日 霞ヶ浦導水事業の建設差し止め訴訟で水戸地裁が請求棄却
8月24日 牛久市のコミュニティー放送局「FMうしくうれしく放送」開局
9月10日 常総市で鬼怒川決壊、大規模浸水
9月30日 魅力度ランキング三年連続全国最下位
10月1日 天皇・皇后両陛下が鬼怒川決壊で甚大な被害を受けた常総市を訪問
10月27日 「布川事件」で無罪が確定した杉山卓男死去、六九歳
10月31日 サッカーJリーグのヤマザキナビスコ杯で鹿島アントラーズが三年ぶり六度目の優勝
11月20日 国文化財審議会は西山荘を国指定史跡・名勝にするよう文科相に答申
歴史学者で茨城大名誉教授、日立市名誉市民の瀬谷義彦死去、一〇一歳
12月22日 「江戸崎かぼちゃ」を国の地域ブランドとして保護する「地理的表示保護制度」に登録
12月25日 県立高校六校が三校に統合決定、鉾田二と鉾田農、太田二と佐竹、岩井

4月11日 米・キューバ首脳会談、七月国交回復
4月25日 ネパールでM7・8の地震、死者六三〇〇人超
5月17日 大阪都構想を住民投票で否決、橋下徹市長が引退表明
5月29日 口永良部島で噴火、火砕流で全島避難
6月17日 選挙権年齢を「一八歳以上」に引き下げる改正公選法が成立
6月30日 EUのギリシャ支援失効
7月20日 米国とキューバが国交回復
8月11日 九電川内原発一号機が東日本大震災後、初の再稼働
8月14日 政府歴代内閣の立場を継承する首相の戦後七〇年談話決定
9月 VW排ガス規制で不正発覚、世界中でリコール
9月19日 安保法成立、集団的自衛権の行使可能に
10月5日 大村智にノーベル医学生理学賞
10月6日 梶田隆章にノーベル物理学賞
10月7日 第三次安倍改造内閣が発足
10月13日 辺野古移設埋め立て、沖縄県知事が承認取り消し
10月 TPP交渉大筋合意
11月8日 ミャンマー総選挙でアウン・サン・スー・チー率いる野党圧勝、政権交代へ
11月13日 パリでイスラム国が爆弾テロ
12月10日 ノーベル賞授賞式、日本人二人受賞

10月7日　第三次安倍改造内閣に本県から公明党の石井啓一が国交相で入閣
11月2日　常陽銀行と足利銀行が経営統合で基本合意
11月8日　土浦市長選で中川清四選
12月22日　江戸崎かぼちゃがＧＩに登録
本県の農業産出額、七年連続全国二位に

と坂東総合を統合

12月16日　米国が九年半ぶりに利上げ

平成28年
2016

県内政治・経済

1月5日	「平成の大合併」で誕生した県内二五市町のうち神栖市を除く二四市町が合併特例債の発行期間を延長
2月1日	新日鉄住金が日新製鋼買収
2月6日	民主党の大畠章宏衆院議員が今期限りで引退へ
2月17日	高萩市の日本加工製紙跡地にメガソーラー整備計画
3月12日	次期衆院選で民主が本県五区・大畠章宏の後継に浅野哲選出
3月16日	つくば市長の市原健一が四選不出馬を表明
3月25日	常陸大宮市に「道の駅常陸大宮・か

県内社会・文化

1月5日	茨城空港—台北の定期便就航へ（三月一五日、週四往復）
1月30日	茨城空港に中国・杭州線就航
2月2日	県内産廃不法投棄、四年連続で全国ワースト
2月11日	JRA女性騎手、一六年ぶりに藤田菜七子＝守谷出身
2月16日	指揮者で水戸芸術館長の小澤征爾にグラミー賞
3月31日	水城高ゴルフ部、三九年の歴史に幕 片山晋呉ら多くのプロ輩出
4月7日	県立笠間陶芸大学校が開校
4月8日	栃木県今市市の女児殺害事件で無期

国内・世界

1月6日	北朝鮮、四回目の核実験
1月15日	長野県軽井沢でスキーバス転落、一五人死亡、二六人重軽傷
1月16日	台湾総統に蔡英文、女性初
1月28日	甘利明経済再生担当相が金銭授受問題で辞任
1月29日	日銀が「マイナス金利」導入
2月4日	シャープ、台湾鴻海傘下へ
2月5日	桜島が爆発的噴火
2月7日	北朝鮮、ミサイル発射
2月16日	日銀が「マイナス金利」実施
3月26日	北海道新幹線が開業
3月27日	民進党旗上げ、代表に岡田克也

【県北芸術祭】
高戸海岸に展示された巨大な貝の彫刻、スッシリー・プイオックの「ソウル・シェルター」＝2016年９月17日、高萩市高戸

わプラザ」オープン（県内一二カ所目、国交省「重点」道の駅に選定）

3月30日　二〇一五年の工場立地件数、立地面積、県外企業立地件数が三年連続全国一位に

3月31日　公益財団法人「グリーンふるさと振興機構」（常陸太田市）解散

4月3日　常陸大宮市長選で三次真一郎無投票三選

4月9日　本県初の女性参院議員、中村登美死去、九九歳

4月13日　野党共闘へ「県市民連合」が発足

5月15日　「G7（先進七カ国）茨城・つくば科学技術大臣会合」がつくば市で開幕（一七日まで）

6月19日　衆院茨城六区の丹羽雄哉（自民）が今期限りで引退表明

6月30日　鉾田市の市民交流館建設の賛否を問う住民投票条例案を同市議会が否決

7月1日　水戸市と常陽銀行が地域活性化包括連携協定調印

7月10日　常総市長選で神達岳志初当選

茨城選挙区（改選数二）は岡田広（自民）、郡司彰（民進）当選

7月21日　道の駅「ひたちおおた」オープン（常陸太田市）

7月28日　水戸商工会議所が創立一二〇周年

8月1日　参院副議長に民進党の郡司彰就任

9月6日　大洗町長選で小谷隆亮無投票六選

9月12日　水戸商工会議所会頭に大久保博之内定、一一月一日付で就任

懲役判決

6月1日　「いばらき消防指令センター」（水戸市）が稼働

7月20日　二〇一九年の茨城国体開催正式決定

7月26日　第八七回都市対抗野球全国大会で日立製作所が準優勝

8月1日　第五九回全国新聞教育研究大会・全国学校新聞指導者講習会茨城大会が水戸市で開幕（二日まで）

8月14日　野球殿堂入りを果たした豊田泰光（大子町出身）死去、八一歳

9月9日　筑波山地域を「日本ジオパーク」に認定

9月17日　茨城県北芸術祭、開幕（一一月二〇日までの六五日間）

10月2日　ゴルフの日本女子オープン選手権でアマチュアの畑岡奈紗（一七歳、笠間市出身）が優勝

10月10日　アマチュアゴルフの畑岡奈紗（笠間市出身）がプロ転向表明、一七歳八カ月のプロ転向は日本女子ツアー史上最年少

10月18日　日本原子力研究開発機構が県内の原子力一〇施設廃止へ

10月30日　第一回水戸黄門漫遊マラソン開催（県都で初のフルマラソン）

11月1日　水戸市で世界オセロ選手権大会が開幕（四日まで）

11月22日　福島県沖でM7・4の地震

12月3日　サッカーJリーグで鹿島アントラーズが七年ぶり八度目の全国制覇

3月29日　安保法が施行

4月14日　熊本地震M6・5、震度七

4月16日　熊本地震本震M7・3、死者五〇人

5月26日　主要国首脳会議（伊勢志摩サミット）が開幕

5月27日　オバマ大統領が広島訪問

6月19日　選挙権年齢を一八歳以上とする改正公職選挙法施行

6月23日　イギリスがEU離脱へ（英国民投票で離脱派勝利）

7月2日　バングラデシュでテロ、邦人七人死亡

7月10日　第二四回参院選で自公が改選過半数を確保、改憲勢力で参院議席の三分の二超

7月26日　神奈川県相模原市の知的障害者施設で一九人刺殺、二六人重軽傷の殺人事件、元施設職員を逮捕

7月31日　東京都知事選で小池百合子当選、女性初の都知事誕生

8月5日　リオデジャネイロ・オリンピック開幕

8月7日　米・大リーグでイチロー外野手が三〇〇〇本安打達成

8月8日　天皇陛下、生前退位で「お気持ち」表明

8月21日　リオデジャネイロ・オリンピック閉幕、日本選手団四一個のメダル（金一二、銀八、銅二一）獲得

8月24日　イタリア中部でM6・2の地震が発生、アマトリーチェの町が崩壊、住

10月1日 常陽銀行と足利ホールディングスが経営統合し、「めぶきフィナンシャルグループ」発足
11月10日 橋本昌知事が第一六回世界湖沼会議で、二年後の第一七回世界湖沼会議の茨城開催を宣言
11月13日 つくば市長選で五十嵐立青《いがらしたつお》初当選
11月20日 守谷市長選で松丸修久《まつまるのぶひさ》初当選
11月27日 古河市長選で針谷力初当選
12月22日 県議会議長に藤島正孝、同副議長に森田悦男選出

12月14日 鳥インフルエンザの問題で、水戸市が千波湖の「元旦マラソン」中止を発表
12月18日 サッカーのクラブ世界一を争うクラブW杯で、Jリーグ王者の鹿島アントラーズが準優勝。決勝で欧州代表のレアル・マドリード（スペイン）に延長の末、二—四で惜敗

民ら二四七人が犠牲に
9月9日 北朝鮮が五回目の地下核実験実施
10月3日 ノーベル医学生理学賞に大隅良典・東京工業大栄誉教授
10月7日 日弁連が死刑廃止宣言
10月8日 阿蘇山（熊本）が爆発的噴火（一九八〇年一月以来）
10月13日 シンガー・ソングライターのボブ・ディランにノーベル文学賞
10月27日 三笠宮さま逝去、一〇〇歳、昭和天皇の末弟
11月8日 米国大統領選挙でドナルド・トランプ（共和党）が勝利、ヒラリー・クリントンを破る
11月25日 フィデル・カストロ（キューバ革命の最高指導者）死去、九〇歳
12月9日 韓国国会が朴槿恵・大統領の弾劾訴追案可決
TPP承認、関連法成立
12月21日 もんじゅの廃炉を政府が決定

平成29年 2017

県内政治・経済

1月6日	日野自動車古河工場が全面稼働
1月10日	鹿島港沖（神栖市）の風力発電で丸紅が撤退表明
1月13日	日立製作所が子会社の日立工機を米ファンドに七五〇億円で売却
2月7日	日立製作所とホンダが電気自動車分野で提携
2月26日	首都圏中央連絡自動車道（圏央道）の境古河ＩＣ―つくば中央ＩＣが開通（県内区間は全線開通）
2月28日	西武筑波店（つくば市吾妻）が閉店、三二年の歴史に幕
3月21日	原発事故広域避難計画で笠間市が栃木県五市町と避難協定締結
3月27日	中核市実現を目指した土浦、つくば両市の合併勉強会解消
4月2日	坂東市長選で木村敏文初当選
	筑西市長選で須藤茂無投票再選
4月5日	知事選で橋本昌知事が七選出馬を表

県内社会・文化

1月1日	サッカー天皇杯全日本選手権大会で鹿島アントラーズが六大会ぶり五度目の優勝
1月19日	第一五六回直木賞、恩田陸（水戸一高出身）が「蜜蜂と遠雷」で受賞
1月20日	昨年の飲酒死亡事故、本県が全国ワーストに
1月21日	大相撲初場所で大関稀勢の里（牛久市出身）が初優勝
1月25日	日本相撲協会臨時理事会で稀勢の里の横綱昇進確定。日本人横綱は一九年ぶり
3月26日	大相撲春場所で新横綱稀勢の里（牛久市出身）が二場所連続二度目の優勝
3月31日	常陽新聞（本社つくば市）が休刊
4月1日	神栖警察署が開署（県内二八番目）
4月3日	高度経済成長期の本県と東京を舞台にしたＮＨＫ朝の連続テレビ小説

国内・世界

1月17日	英国首相、欧州市場の脱退表明
1月20日	第四五代米大統領にドナルド・トランプ就任（八年ぶり共和党政権、オバマ路線転換）
2月10日	東芝が二〇一六年決算で原子力発電事業（米国）の損失額が七〇〇〇億円になる見通しで債務超過に
2月13日	北朝鮮の金正恩朝鮮労働党委員長の異母兄、金正男（四五）がマレーシアで暗殺される
2月16日	作曲家で文化勲章受章者の船村徹死去、八四歳
2月17日	韓国・サムスングループの経営トップを贈賄容疑で逮捕
2月24日	「プレミアムフライデー」始まる
3月17日	東京電力福島第一原発事故で避難住民ら一三七人が国と東電に損害賠償を求めた判決で前橋地裁が東電と国の賠償責任を認め三八五五万円の支

【稀勢の里が横綱昇進】
新横綱の奉納土俵入りを披露する稀勢の里関。太刀持ちは高安関＝2017年1月27日、東京・明治神宮

明
4月16日　稲敷市長選で田口久克三選
民進党県連会長に大畠章宏衆院議員
4月18日　県内市町村の非正規職員四割超に
5月7日　常陸太田市長選で大久保太一無投票四選
5月9日　河内町長選で雑賀正光《さいがまさみつ》無投票再選
6月6日　「水戸市わら納豆推進協議会」が発足
6月20日　JA県中央会長にJA土浦組合長の佐野治内定、中央会、県信連、県厚生連、全農いばらき、共済連茨城を加えた県五連会長にも就任の予定
7月2日　利根町長選で佐々木喜章初当選
7月25日　県内への若者の定着を狙いに、県が県内外の一二大学と「UIJターン就職に関する協定」を締結
8月3日　第三次安倍改造内閣で梶山弘志（四区）が地方創生担当相に就任
8月22日　東海村長選で山田修が無投票再選
8月27日　県知事選で大井川和彦（自民、公明推薦）が初当選。無所属で七期目を目指した橋本昌を破る
県議選常総市区補選（欠員一）で金子晃久初当選
9月1日　鉾田市長の鬼沢保平が今期限りでの引退を表明
9月10日　行方市長選で鈴木周也再選
9月21日　自民党県連が県知事選で党規違反したとして六県議を処分
9月25日　橋本昌知事が退任、六期二四年の県

「ひよっこ」の放映開始
4月11日　恩田陸「蜜蜂と遠雷」が本屋大賞受賞、直木賞に次いで二冠
4月22日　東海再処理施設（東海村）の解体撤去費用、作業終了までの七〇年間で八〇〇〇億円に上ることが判明
4月27日　茨城県の人口二九〇万人割れ
5月20日　本県の結婚支援事業、一〇年間で成婚数一七七五組、全国一位に
5月31日　関脇・高安（土浦市出身）の大関昇進決定
6月3日　フィリピンで本県出身の新井康寛さんら二邦人が行方不明、殺害の可能性
6月4日　世界卓球混合ダブルスで吉村真晴（東海村出身）・石川佳純組が四八年ぶりに優勝
6月5日　茨城大などのチームが千葉県房総沖の海底三五〇キロにレアメタル（希少金属）の存在確認
6月6日　日本原子力研究開発機構大洗研究開発センターの燃料研究棟で作業員五人が内部被ばく
6月16日　国の文化審議会が瓦塚窯跡（石岡市）、泉坂下遺跡（常陸大宮市）、結城廃寺跡附結城八幡瓦窯跡（結城市）を国指定史跡に答申
7月10日　二〇二〇年東京五輪のサッカー会場に県立カシマサッカースタジアム（鹿嶋市）を追加決定
本県発祥のシルバーリハビリ体操を

払いを命じた
3月27日　栃木県那須町のスキー場で雪崩、高校生ら八人死亡、四〇人負傷
3月31日　韓国検察が同国前大統領の朴槿恵を収賄容疑などで逮捕
4月6日　米国がシリアの空軍基地をミサイル攻撃
4月12日　フィギュアスケート女子の五輪メダリスト・浅田真央が引退表明
4月20日　福岡の銀行前で現金三億八四〇〇万円強奪
5月7日　仏大統領にマクロン、史上最年少三九歳
5月9日　韓国大統領に文在寅《ムンジェイン》当選
5月23日　組織犯罪処罰法改正案が衆院通過
5月28日　自動車のインディ500で佐藤琢磨（ホンダ）が日本人初の優勝
6月1日　米国が地球温暖化防止の枠組み「パリ協定」からの脱退表明
6月9日　天皇陛下の退位を実現する特例法が成立、天皇陛下は上皇に
6月15日　テロ等準備罪を新設する改正組織犯罪処罰法（共謀罪）が成立
6月20日　小池百合子東京都知事が築地市場を豊洲に移転することを正式表明
6月26日　欠陥エアバッグのリコール問題で経営難に陥った「タカタ」が東京地裁に民事再生法の適用申請、負債総額は約一兆円
7月2日　東京都議選で小池百合子都知事率いる「都民ファーストの会」四九人が

政に幕

10月15日　石岡市長選で今泉文彦が無投票再選

10月22日　第四八回衆院選で県内七小選挙区は自民が六選挙区で当選

鉾田市長選で岸田一夫初当選

桜川市長選で大塚秀喜再選

10月23日　県市長会長に中川清土浦市長選出

10月24日　連合茨城会長に内山裕就任

10月27日　日立電鉄交通サービス（本社・日立市）が「みちのりホールディングス」（東京都）に全株式譲渡、完全子会社に

11月7日　都道府県庁所在地別の二〇一六年度の一世帯当たりの納豆消費額は、水戸市が最多の五五六三円で全国一位を奪還

11月19日　神栖市長選で元県議の石田進初当選

11月24日　県町村会長に染谷森雄五霞町長

12月1日　県が「森林湖沼環境税」を四年間延長に

12月20日　二〇一五年一一月の取手中三自殺問題で県が設置した調査委員会の初会合開催

12月24日　龍ケ崎市長選で中山一生三選

12月29日　経団連は榊原定征会長の後任に筆頭副会長で日立製作所会長の中西宏明（七一）を起用する方針を固める

全国発信する「シル・リハ全国フェスタ」水戸市で開催

7月21日　国の文化審議会は桜川市真壁町の安達家住宅を登録有形文化財に答申

8月20日　第一二回全国高校生短歌大会（短歌甲子園）で下館一高が優勝

8月30日　茨城県警や警視庁などの合同捜査本部は、ひたちなか市の沖合で密輸された覚せい剤四八〇キロを押収、覚せい剤取締法違反の疑いで中国人ら五人を逮捕

9月2日　美浦村で二〇〇四年一月に発生した茨城大農学部女子学生殺害事件で稲敷署は殺人などの疑いでフィリピン国籍の男（三五）を逮捕、共犯の男二人を国際手配

9月24日　女子プロゴルフの畑岡奈紗（一八歳、笠間市出身）が日本ツアー・ミヤギテレビ杯ダンロップ女子で史上最年少優勝

10月1日　女子ゴルファー日本一を決める日本女子オープン選手権で畑岡奈紗が大会二連覇

10月6日　日立市で母子六人を殺害、自宅を放火したとして父親（三三）を殺人の疑いで逮捕

10月18日　二〇〇五年に起きた栃木県今市市の小一女児殺害事件で殺人罪に問われた勝又拓哉被告の控訴審初公判が東京高裁で開かれ、弁護側は無罪を主張、検察側は控訴棄却を求めた

当選し第一党に、自民は惨敗し過去最低の二三議席

7月9日　福岡県の古代遺跡「『神宿る島』宗像・沖ノ島と関連遺産群」、世界文化遺産に認定

7月28日　北朝鮮が大陸間弾道ミサイル（ＩＣＢＭ）を日本海に向けて発射、日本の排他的経済水域に落下

7月31日　大阪地検特捜部が国の補助金詐欺の疑いで学校法人「森友学園」（大阪市）の前理事長、籠池泰典容疑者と妻諄子容疑者を逮捕

8月3日　第三次安倍改造内閣が発足

8月31日　サッカー日本代表の二〇一八年Ｗ杯ロシア大会出場決まる

9月9日　陸上男子の桐生祥秀（東洋大）が一〇〇メートル決勝で九秒九八の日本新記録樹立、日本人で初めて一〇秒の壁破る

9月25日　東京都知事の小池百合子が「希望の党」立ち上げ、代表に就任

10月5日　二〇一七年のノーベル文学賞に長崎市生まれの英国人小説家、カズオ・イシグロ（六二）

10月6日　二〇一七年のノーベル平和賞に核兵器廃絶国際キャンペーン（ＩＣＡＮ）

10月22日　第四八回衆院選が投開票され自民、公明両党は計三一〇議席となり定数の三分の二（三一〇）を確保、安倍政権の継続決定、自民は二八一議席に達し大勝

11月30日　水戸芸術館などを設計した建築家の磯崎新が日本芸術院会員に

12月10日　「千年村プロジェクト」で行方市麻生地区に第一号認定証交付

12月22日　日本ジオパーク委員会が運営体制などに問題があるとして「茨城県北」の認定を取り消す

12月27日　つくば市の「つくばワイン・フルーツ酒特区」が国の構造改革特区に認定

10月31日　神奈川県座間市のアパートから九人の切断された頭部が発見、警視庁はこの部屋に住む二七歳の男を逮捕

11月14日　大相撲の横綱日馬富士が秋巡業中の酒席で暴行、平幕貴ノ岩が負傷

12月1日　政府は天皇陛下の退位日を二〇一九年四月三〇日と決定、皇太子さまは翌五月一日に即位、改元する

平成30年
2018

県内政治・経済

1月11日　県信用組合会長の幡谷祐一（小美玉市出身）死去、九四歳
1月31日　イオンつくば駅前店閉店、三三年の歴史に幕
2月3日　東関東自動車道の鉾田IC─茨城空港北IC間（八・八キロ）が開通
2月4日　高萩市長選で大部勝規初当選
境町長選で橋本正裕再選
2月18日　阿見町長選で千葉繁初当選
2月24日　民進党県連に所属する議員らが新たな超党派の政治団体「茨城県民フォーラム」設立
2月26日　日立市区選出の県議で県議会議長の

県内社会・文化

1月1日　つくば市で老夫婦殺害される
1月15日　水戸城大手門跡（水戸市三の丸）の南側で新たに「瓦塀」二棟が出土、瓦塀は二年前に北側でも二棟が出土、計四棟の瓦塀を備えた城門の発見は国内で初めて
1月19日　国の文化審議会は土浦、かすみがうら、行方三市に伝わる「霞ヶ浦の帆引網漁の技術」を国の無形民俗文化財にするよう答申
1月26日　明秀日立高校の第九〇回選抜高校野球大会への出場決まる
2月6日　守谷市が民間会社の「住みよい街ラ

国内・世界

1月5日　将棋界史上初の「永世七冠」に輝いた羽生善治（四七）と、囲碁で初めて七冠独占を二度果たした井山裕太（二八）に国民栄誉賞
1月19日　オウム真理教事件の全裁判が終結
1月23日　群馬県の草津白根山（二一七一メートル）が噴火、一人死亡、一一人負傷
2月17日　平昌冬季五輪フィギュアスケートで羽生結弦（二三）が六六年ぶりの二連覇達成、宇野昌磨（二〇）も銀メダル獲得
将棋の最年少プロ、藤井聡太五段

【霞ヶ浦導水訴訟和解】
和解成立後に会見する那珂川漁協の添田規矩組合長（左から２人目）ら＝2018年４月27日、東京霞ケ関の司法記者クラブ

菊池敏行死去、七一歳
3月25日 下妻市長選で菊池博初当選
3月31日 県から県内一二市町に派遣されていた副市町長が今月末までに県に復帰
4月1日 小美玉市長選で島田穣一無投票四選
4月8日 笠間市長選で山口伸樹無投票四選
4月15日 鹿嶋市長選で錦織孝一再選
初代つくば市長を務めた倉田弘死去、八七歳
4月22日 つくばみらい市長選で小田川浩初当選
5月9日 常陽銀行と北海道銀行がロシア・アジア販路で連携
5月11日 めぶきフィナンシャルグループ新社長に笹島律夫常陽銀行専務が昇格、同氏は常銀の新頭取にも内定
5月31日 経団連会長に日立製作所会長の中西宏明就任
6月18日 県経営者協会新会長に日立ライフ（日立市）社長の加子茂就任
7月8日 かすみがうら市長選で坪井透三選
7月14日 茨城三菱自動車販売会長の嶋津孝一郎死去、八三歳
7月27日 元自民党県連会長で党県連最高顧問の山口武平死去、九七歳
8月23日 台湾からの観光客呼び込みへ笠間市が台北市に現地事務所開設
8月24日 県が台湾の格安航空会社と定期便就航で合意、一〇月二八日から台北便（週二日）
8月27日 県が宇宙産業支援を決定

ンキング」調査で全国一位に
3月17日 土浦市で四月から小中一貫教育を市内八中学校二四校で完全実施へ
3月31日 日本原子力発電（原電）東海第二原発の再稼働を巡り、原電が東海村のほか周辺五市にも事前了解の権限を認める新安全協定を六市村と締結
4月27日 霞ヶ浦導水事業の建設差し止め訴訟で国と県内四漁協、栃木県の漁連が和解
6月5日 日立市の国民宿舎「鵜の岬」、宿泊利用率で二九年連続全国一位に
6月15日 茨城空港に韓国定期便、七年ぶり復活
6月20日 日立市十王町の「長者山官衙遺跡及び常陸国海道跡」が国指定史跡に
6月24日 笠間市出身の女子プロゴルファー、畑岡奈紗（一九）が米国ツアー選手権で初優勝、一九歳優勝は日本勢最年少
7月4日 東海第二原発が新規制基準合格、東日本大震災の被災原発で初
8月3日 二〇〇五年の栃木小一女児殺害事件控訴審で東京高裁が一審破棄、改めて無期懲役の判決
8月7日 二〇一五年九月の常総水害で被災住民らが国提訴
8月19日 全国高校生短歌大会（短歌甲子園）で下館一高が二年連続三回目の優勝
10月4日 日本原子力研究開発機構の東海再処理施設の廃止措置に県と東海村が同

（一五）が棋戦（公式戦）で初優勝、中学生初の六段に昇格
3月5日 中国の全国人民代表大会開幕、国防予算八・一％増
3月9日 学校法人「森友学園」への国有地売却問題で批判を受けていた佐川宣寿国税庁長官が辞任
3月14日 「車いすの天才科学者」英国のスティーブン・ホーキング博士死去、七六歳
3月18日 ロシア大統領選、プーチンが圧勝で四選
3月22日 二〇一七年の仮想通貨被害六億六二四〇万円に、不正アクセスは一四九件
韓国検察が収賄などの疑いで元大統領、李明博容疑者を逮捕
4月6日 収賄容疑で韓国の前大統領、朴槿恵被告に懲役二四年の実刑判決
4月14日 米英仏三カ国がシリアを限定空爆、アサド政権が化学兵器使用と断定
4月27日 北朝鮮の金正恩朝鮮労働党委員長と韓国の文在寅大統領が一〇年半ぶりに会談、朝鮮半島の非核化を確認
5月7日 希望の党、民進党が合流し新党「国民民主党」旗上げ
6月1日 フィギュアスケート男子の羽生結弦に国民栄誉賞
6月12日 史上初の米朝首脳会談開催
6月13日 改正民法成立、二〇二二年四月から成人年齢引き下げ、二〇歳から一八

9月2日 城里町長選で上遠野修再選
9月12日 八千代町長の大久保司（八一）引退表明
9月13日 香陵住販（水戸市）東証上場
9月17日 JR水戸駅北口の「丸井水戸店」が閉店、四九年の歴史に幕
10月6日 県が仏・エソンヌ県と友好提携に関する協定書締結、一九年ぶりに交流再開
10月14日 稲敷市長の田口久克死去、六九歳
10月22日 東海第二原発の再稼働を巡り海野徹那珂市長が再稼働に反対表明
10月25日 東京銀座の県アンテナショップ「ＩＢＡＲＡＫＩ　ｓｅｎｓｅ（イバラキセンス）」が新装オープン
11月18日 ひたちなか市長選で大谷明初当選
11月24日 前取手市長の塚本光男死去、六六歳
11月25日 稲敷市長選で筧信太郎初当選
11月26日 旧下館市（筑西市）の元市長、浜野正死去、九〇歳
12月10日 県議選投票で自民堅調三四議席、県民フォーラム四議席、公明四議席、共産二議席、立憲民主一議席
12月13日 みちのりホールディングス（東京）が二〇一九年五月一日付で傘下の茨城交通（水戸市）と日立電鉄交通サービス（日立市）を経営統合へ
12月16日 大子町長選で高梨哲彦初当選
12月18日 中枢中核都市に水戸市、つくば市など八二市選定
12月25日 立憲民主党が茨城県連設立

意、国費約一兆円をかけた七〇年に及ぶ作業始まる
10月6日 土浦全国花火競技大会で一〇人軽傷
10月15日 つくば国際会議場などで第一七回世界湖沼会議開幕（一九日まで）
民間調査会社の二〇一八年の都道府県別魅力度ランキングで本県が六年連続最下位
10月26日 作曲家の池辺晋一郎（水戸市出身）を文化功労者に選出
11月7日 原子力規制委員会が原電東海第二原発（東海村）の運転延長認可
11月10日 サッカーのアジア・チャンピオンズリーグで鹿島アントラーズが初優勝、獲得主要タイトル二〇冠目
11月22日 筑波大附属病院が「がん遺伝子外来」開設、県内初
11月25日 笠間芸妓組合が解散、一〇六年の歴史に幕
12月7日 砂沼サンビーチ廃止へ、「取り壊し更地に」下妻市長が表明

歳に
6月18日 大阪で震度六弱、五人死亡、負傷四〇〇人超
6月29日 働き方改革関連法が成立
6月30日 「長崎と天草地方の潜伏キリシタン関連遺産」（長崎、熊本）を世界文化遺産に登録
7月6日 オウム真理教の松本智津夫ら幹部七人の死刑執行
7月7日 西日本で記録的豪雨被害、一二府県で死者二二五人、行方不明一一人
8月7日 米国がイラン制裁再発動
8月16日 中央省庁が障害者雇用四二年間水増し、三七府県でも九〇〇人分水増しが明らかに
9月3日 加工食品のオーナー制度を展開した「ケフィア事業振興会」（東京都）が破産申請、負債総額一〇五三億円、被害者約三万三〇〇〇人
9月4日 台風二一号で関西空港浸水、タンカー衝突、大阪、滋賀で六人死亡
9月6日 北海道で震度七、死者四一人、全域停電、インフラまひ
9月8日 テニスの全米オープン女子シングルスで大坂なおみ（二〇）が初制覇
9月20日 自民党総裁選で安倍晋三首相が連続三選
9月28日 インドネシアで地震、死者一二〇〇人超
9月30日 沖縄県知事選で米軍普天間飛行場の辺野古移設反対派の玉城デニー当選

10月1日　ノーベル医学生理学賞に本庶佑《ほんじょたすく》京都大特別教授

10月2日　第四次安倍改造内閣発足

10月6日　築地市場（東京都中央区）、八三年の歴史に幕、一一日には移転先の豊洲市場（江東区）が開業

11月6日　米中間選挙でトランプ共和党が下院で野党民主党に敗北

11月19日　日産自動車代表取締役会長のカルロス・ゴーンを東京地検特捜部が金融商品取引法違反の疑いで逮捕、一二月二一日には会社法違反（特別背任）の疑いで再逮捕

11月23日　二〇二五年の大阪万博開催決定

12月30日　ＴＰＰ発効

平成31年 2019

県内政治・経済

1月4日　県が働き方改革で「仕事始め式」とりやめ
　東日本大震災で被災、建て替えられた水戸市、石岡市の新庁舎が開庁
1月11日　鶏卵が供給過剰で暴落、一五年ぶりの安値で県内生産者に危機感
1月17日　日立製作所が英国での原発新設計画凍結
1月20日　八千代町長選で谷中聡初当選
1月27日　那珂市長選で先崎光無投票初当選
2月1日　県南地域三農協による「JA水郷つくば」と、鹿行地域二農協による「JAなめがたしおさい」が合併に

県内社会・文化

1月11日　ひたちなか市沖で二〇一七年八月、覚せい剤約四八〇キロが密輸された事件で県警が香港に逃亡していた暴力団組長（五八）逮捕
1月12日　ロバート・キャパ展（茨城新聞社主催）が土浦市民ギャラリーで開幕、二月一一日まで
1月16日　横綱稀勢の里（牛久市出身）が引退、年寄「荒磯」襲名
1月24日　美浦村で二〇〇四年一月に発生した茨城大学女子学生殺害事件で、県警は殺人容疑などで国際手配中のフィリピン国籍の無職男（三三）を逮捕

国内・世界

1月2日　新元号は四月一日公表
1月7日　国際観光旅客税（出国税）の徴収始まる（一人一〇〇〇円）
1月12日　哲学者で文化勲章受章者の梅原猛死去、九三歳
1月26日　女子テニスの大坂なおみ（二一）が全豪オープンシングルスで初優勝、アジア勢初の世界ランキング一位に
1月31日　東京都葛飾区の女子大生が昨年一一月から行方不明になっていた事件で警視庁が神栖市の空き地で女子大生の遺体発見、神栖市の三五歳男を死体遺棄の疑いで逮捕

【新元号は「令和」】
新元号「令和」の発表を受け、水戸葵陵高校の書道部が揮毫パフォーマンスを行った＝2019年4月1日、水戸市千波町

より誕生
2月4日　県企業局と東京都水道局が「支援拠点水道事業体としての活動に関する覚書」締結
2月10日　潮来市長選で原浩道再選
4月1日　「県子どもを虐待から守る条例」施行

インフルエンザが県内猛威、患者数一医療機関当たり六八・〇五人と過去最多
1月25日　石岡一高の二一世紀枠春のセンバツ高校野球大会出場決まる
1月31日　米ニューヨークで「笠間焼展」開幕、二月二七日まで
2月1日　水戸地方気象台が、職員が直接目で見て気象の状況を確認する「目視観測」終了、天気予報一二二年の歴史に幕
2月22日　日本原子力発電が東海第二原発（東海村）再稼働を目指す意向を県や地元に伝達
3月8日　建築界のノーベル賞といわれる米プリツカー賞に磯崎新、水戸芸術館やつくばセンタービルも設計
3月20日　二〇一五年の取手市の中三自殺を県の第三者調査委員会がいじめによるものと認定
4月1日　女子プロゴルフの畑岡奈紗（笠間市出身）米ツアー三勝目

2月1日　日本と欧州連合のEPA発効
2月8日　作家で元経済企画庁長官の堺屋太一死去、八三歳
2月21日　北海道厚真町で震度六弱
2月24日　米軍普天間飛行場（沖縄県）の辺野古移設を巡る県民投票で「埋め立て反対」が過半数を占めた
2月27日　トランプ米大統領と金正恩北朝鮮委員長が二度目の首脳会談（二八日も）、北朝鮮の非核化巡り合意至らず
3月15日　ニュージーランドで銃乱射事件、四九人死亡
3月23日　米大リーグ・マリナーズのイチロー外野手が現役引退表明
4月1日　政府、新元号「令和（れいわ）」に決定。五月一日から改元

茨城の平成史概説

政　治

平成時代（一九八九～二〇一九年四月）の三〇年余で、国政では首相が一八人代わったのに対し、茨城県政は三人の知事で、平成初期（竹内藤男県政五期目）と終盤（大井川和彦県政一期目）を除く大半は橋本昌県政（六期二四年間）の時代であった。そうした意味で茨城の平成時代の政治は橋本県政の歩みとともにあったと見ることができよう。

茨城県政の変遷＝知事選を軸に

平成時代に入って初めての知事選が一九九一（平成三）年四月七日に行われ、現職の竹内藤男が五選を果たした。しかし、竹内はそれからわずか二年後、ゼネコン汚職事件により東京地検特捜部に収賄容疑で逮捕される。

竹内は知事就任から逮捕されるまでの五期一八年間にわたり茨城県勢発展に力を注いできただけに、その逮捕に県内には大きな衝撃が走った。竹内の逮捕容疑は、県発注のダム建設を巡り大手総合建設会社（ゼネコン）から現金一千万円を受け取ったこととされる。取り調べの中でほかの容疑も浮上し、最終的にはゼネコン四社から計九千五百万円の賄賂を受け取ったとして起訴された。

平成時代に入ってからの県内の政治家の汚職事件をみると、一九九三（平成五）年七月、ゼネコン汚職で三和町長の大山真弘が収賄容疑で逮捕され、そのわずか四日後に竹内知事が逮捕された。翌九四（平成六）年三月には中村喜四郎衆院議員が、同九五（平成七）年には北茨城市長の豊田稔がそれぞれ収賄容疑で逮捕されるなど不祥事が相次いだ。

首長の汚職事件はその後も続き、一九九六（平成八）年四月にはつくば市長の木村操が買収容疑で、同五月には八郷町長の桜井盾夫が収賄容疑で逮捕された。翌九七年一一月には龍ケ崎市長の海老原龍生が買収容疑で、九八年六月には旭村長の小松崎俊が選挙買収容疑で逮捕された。さらに九九年一〇月には谷和原村長の飯島文彦が、二〇〇一年一〇月には協和町長の岡野英一が収賄容疑で逮捕。〇二（平成一四）年一月には石岡市長の木村芳城が競争販売入札妨害容疑で、同二月には下妻市長の山中博も同容疑で逮捕、さらに同一〇月には茎崎町長の栗原正夫が収賄容疑で逮捕された。〇三（平成一五）年二月には八郷町長の関野和夫、同一二月に常北町長の三村孝信が収賄容疑でそれぞれ逮捕されるなど首長の逮捕が毎年のように続いた。

県政に目を転じると、竹内の逮捕・辞職を受けて一九九三（平成五）年九月二六日に行われた出直し知事選で、元自治省官僚の橋本昌が自民党などの推薦を受けて出馬し、前水戸市長の佐川一信らとの激戦を制して初当選を果たした。橋本はその後も再選を重ね、七期目に挑んだ二〇一七（平成二九）年八月二七日の選挙で元通産官僚の大井川和彦に敗れるまで六期二四年間、知事を務めた。平成の三〇年余のうち実に二四年に及び知事を務めたわけで、茨城県の平成時代の大半が橋本県政と重複する。

橋本の六期二四年を知事選の観点から振り返ってみると、竹内の逮捕を受けて行われた出直し知事選で佐川らを破って初陣を飾った一期目以降、二期から四期目までは共産党系候補との一騎打ちで事実上の信任投票に近かった。そして五期目に挑んだ選挙戦で自民党県連が「五期は長すぎる」と多選禁止を掲げ、前国交省事務次官の小幡政人を擁立。しかし、結果は県内首長の大半の支援に加え多くの団体、組織などの推薦を取り付けた橋本がダブルスコアで小幡に圧勝した。その後、六期目は自民が対立候補を擁立できず橋本と共産党系候補との一騎打ちとなり橋本が六選を果たした。

そして七期目を目指した知事選で、橋本は自民党が推薦した元通産官僚の大井川和彦と県内保守層を二分しての激しい選挙戦を繰り広げたが、自民に加え公明党の推薦も取り付けた大井川が約七万票の差をつけて橋本の七選を阻止した。

橋本の七選を退け大井川知事誕生に至るまでの経緯をみると、二〇一七（平成二九）年一月、自民党県連が知事選で大井川の推薦を決定。同年三月に党本部も大井川の推薦を了承した。これに対し、約一カ月後の四月五日、橋本は七選出馬を表明する。そして県内では保守を二分しての激しい選挙戦が繰り広げられた。政党では自民に続き公明党が大井川推薦を決定。さらに民進党県連が独自候補擁立を断念し自主投票を決める一方で、連合茨城や県農政連は橋本推薦に回るなど有権者には分かりにくい構図となった。

この選挙で大井川は四九万七三六一票を獲得。対する橋本は四二万七七四三票と約七万票余りの差で涙をのんだ。共産党系が推薦した鶴田真子美は一二万二〇一三票を獲得した。

同知事選は安倍晋三内閣改造後、初の知事選で、安倍政権は一〇月の衆院三補選の前哨戦と位置づけ大井川を全面支援した。惨敗した同年七月の東京都議選で対立した公明党との選挙協力も奏功し政権運営は一息つく形となった。投票率も前回知事選(二〇一三年)より約一二ポイント上昇し四三・四八%を記録した。

大井川陣営は、現職では全国最多となる七選を目指した橋本に対し「継続ではこれからの茨城の発展はない」と多選批判を展開。「少子高齢化、人口減少が進むなか、新しい発想で新しい政策を打ち出さなければならない」と訴え支持を広げた。立候補表明後、中央から菅義偉官房長官をはじめ閣僚や自民党幹部らが次々と応援に駆け付け、自民党県議団も全面的に支えた。

一方、橋本は告示日当日、日本原子力発電東海第二原発の再稼働反対を明確に訴えて選挙戦に臨んだ。原発が立地する自治体の現職知事としては異例の対応で注目を集めた。無党派層の支持拡大を狙ったとも想定されたが、多選批判の影響は大きく、原子力政策についても急な方針転換への不信感などもあり思ったより支持は広まらなかった。

戦後の茨城県政を見ると、終戦から七〇年余の中で県知事は友末洋治が三期一二年、岩上二郎が四期一六年、竹内藤男が五期一八年、橋本が六期二四年と長期政権が続いてきた。そうした中で大井川は、知事多選禁止条例の制定などを公約に掲げて選挙戦を繰り広げただけに今後の動向が注目される。

いずれにしても平成の県政史を見ると、平成の三一年間は橋本県政の六期二四年間を軸に初期の四年間は竹内県政の最終版、最後の二年弱が大井川県政のスタートの時期にあたる。そして竹内と自民党県連会長・山口武平を頂点とした同党県議団が車の両輪として歩んできたのに対し、中盤以降の橋本県政は県議団と距離を置き県市長会、町村会などとの関係が密であったのが特徴といえる。これは竹内が建設省(現国交省)出身の官僚であったのに対し、橋本が自治省(現総務省)出身であったことに、その政治手法に違いがみられたとも考えられよう。加えて時代背景も多分にあるが、竹内県政の五期一八年が茨城が大きく発展・躍動した「動の時代」であったのに対し、橋本の六期二四年間は安定期に入った「静の時代」と位置づけることができるかもしれない。

平成時代の茨城県知事選結果

◇一九九一(平成三)年四月七日投開票
投票率三〇・八九%

当竹内　藤男　五一八三六二票
鈴木　武　一〇六九四八票

◇一九九三（平成五）年九月二六日投開票
投票率三九・二四％
当橋本　昌　三三九四五二票
佐川　一信　三〇四四一三票
田中　勝也　一三〇五四五票
兼田　昭一　五八三二八票

◇一九九七（平成九）年九月一四日投開票
投票率三一・八七％
当橋本　昌　五七九三六二票
浅野　長増　一三一九三一票

◇二〇〇一（平成一三）年九月一六日投開票
投票率二九・九三％
当橋本　昌　五六一八二五票
中田　直人　一二九一三四票

◇二〇〇五（平成一七）年九月一一日投開票
投票率六四・七三％（衆院選と同日選）
当橋本　昌　一〇八〇四五三票
間宮　孝子　四〇四三二三票

◇二〇〇九（平成二一）年八月三〇日投開票
投票率六七・九七％（衆院選と同日選）
当橋本　昌　七四三九四五票
小幡　政人　三一八六〇五票
長塚　智広　二六四一五〇票
間宮　孝子　一七七三〇九票
森川　勝行　四一四九四票
桐原　孝志　三三八六三票

◇二〇一三（平成二五）年九月八日投開票
投票率三一・七四％
当橋本　昌　四八九八三二票
田中　重博　二五七六二五票

◇二〇一七（平成二九）年八月二七日投開票
投票率四三・四八％
当大井川和彦　四九七三六一票
橋本　昌　四二七七四三票
鶴田真子美　一二二〇一三票

保守王国（国政選挙を軸に）

一九八九（平成元）年七月二三日に行われた参院選では社会党が躍進し、自民党が過半数を割った。翌九〇（平成二）年二月の衆院選でも社会党が躍進し一三六議席を獲得したものの自民党も二七五議席を獲得し安定多数を確保した。

一九九六（平成八）年一月の臨時国会で橋本龍太郎内閣が発足。本県からは内閣の要となる官房長官に梶山静六、通産大臣に塚原俊平がそれぞれ入閣を果たした。この橋本内閣は村山富市内閣の総辞職を受け、自民、社会、さきがけの三党合意に基づき誕生した。村山政権からの三党連立の枠組みを維持しつつも宮沢喜一首相以来、二年半ぶりに自民党首相の復活となった。

本県からは田中角栄内閣の橋本登美三郎以来、二人目の官房長官となった梶山は政界の激動期に力を発揮し、「大乱世の梶山」と評された。梶山は一九五五（昭和三〇）年に県議初当選。一九六九年に国政に転じ、自治、通産、法務の各大臣を歴任、自民党幹事長などを務めた。

一方、通産大臣に就任した塚原は、梶山と同じ茨城二区（中選挙区）選出。父・俊郎の急死に伴い一九七六（昭和五一）年に初当選後、大蔵、労働各政務次官などを歴任し、一九九〇年の第二次海部内閣時に四二歳で労働大臣に就任した。本県での複数入閣は一九九二（平成四）年一二月の第二次宮沢内閣で中村喜四郎建設大臣、丹羽雄哉厚生大臣、中山利生防衛庁長官の三人が誕生して以来三年ぶりとなった。

一九九六（平成八）年一〇月二〇日には橋本内閣の下で初の小選挙区比例代表並立制による総選挙が行われた。本県では一～六区の議席を自民が独占、自民王国の健在ぶりを見せつけた。七区は自民党を離党した無所属の中村喜四郎が八回連続当選を果たした。

その後、橋本内閣は第二次まで続くが一九九八（平成一〇）年七月に行われた第一八回参院選で自民党が惨敗を喫し橋本首相が辞意を表明、小渕恵三内閣が誕生する。小渕内閣は二〇〇〇（平成一二）年まで続くが同年四月二日、小渕は脳梗塞で緊急入院し五月帰らぬ人となった。小渕内閣の後を受けて自民党は森喜朗を総裁に選出、自公保三党連立の森内閣が誕生した。

自民党政権はその後も安定多数を続けたが二〇〇七（平成一九）年七月の参院選で民主党が圧勝し（民主六〇議席、自民三七議席）参院の第一党に躍進した。本県からは藤田幸久（民主）、**長谷川大紋**（自民）が当選した。

民主党はその二年後の二〇〇九（平成二一）年八月三〇日投票で行われた第四五回衆院選で大勝（民主三〇八議席、自民一一九議席）し自民党から政権を奪取した。野党第一党が選挙で過半数を獲得し、政権を奪取するのは初めての出来事であった。民主党政権は鳩山由紀夫、菅直人、野田佳彦内閣と三代続くが、この間、米軍の沖縄普天間基地移設問題や二〇一一（平成二三）

年三月に発生した東日本大震災、東京電力福島第一原発事故などで大きく揺れ動き、政権の座を自民に引き渡した。

民主党政権への国民の期待が大きかっただけに信頼は完全に失墜。二〇一二（平成二四）年一二月に行われた第四六回衆院選で、自民、公明両党は合わせて三二〇（過半数二四一）を超える議席を獲得し、約三年三カ月ぶりに政権奪還を果たした。対する民主は選挙前の二三〇議席から五〇台に減らす大惨敗で、わが国の二大政党制への動きはもろくも崩れ去った。

この選挙で本県では七小選挙区で三〇人が激戦を繰り広げ、自民が一、二、三、四、六区で圧勝。小選挙区の改選時一議席を五議席に増やし二〇〇九（平成二一）年八月の政権交代前の勢力を回復した。対する民主は二期目に挑戦した前職五人全員が小選挙区で落選し、五区の前職、大畠章宏が一議席を死守するにとどまる惨敗となった。その後、自民は二〇一二年一二月、二〇一四年一二月、二〇一七年一〇月の衆院選においても安定多数を誇り、特に国政では安倍自民の一強体制が続くこととなった。

平成時代の衆院選茨城選挙区結果

◇第三九回衆院選

一九九〇（平成二）年二月一八日投票＝投票率七一・一二％

【一区】（定数四）

当時崎　雄司（社新）　一三四〇〇九票
当葉梨　信行（自前）　一一二九二四票
当額賀福志郎（自前）　一〇六八八五票
当中山　利生（自前）　一〇三九七四票
次塚田　延充（民前）　八〇八八七票

【二区】（定数三）

当大畠　章宏（社新）　一二二二三七票
当梶山　静六（自前）　一一〇五二四票
当塚原　俊平（自前）　七三〇五七票

【三区】（定数五）

当中村喜四郎（自前）　一二一三〇〇票
当丹羽　雄哉（自前）　九五七九三票
当赤城　徳彦（自前）　七二八四三票
当竹内　　猛（社前）　六五四〇一票
当二見　伸明（公前）　六三五一〇票
次若菜　徳則（社新）　三九六一一票

◇第四〇回衆院選

一九九三（平成五）年七月一八日投票＝投票率六四・七九％

【一区】（定数四）

当塚田　延充（民元）　一二五二三五票
当額賀福志郎（自前）　一一一九一二票

当中山　利生（自前）　一〇四五五九票
当葉梨　信行（自前）　九四六〇〇票
次時崎　雄司（社前）　七七九二七票

【二区】（定数三）

当梶山　静六（自前）　一〇四一三八票
当大畠　章宏（社前）　八一五三七票
当塚原　俊平（自前）　七八〇八六票
次斎藤全一郎（日新）　六〇五六八票

【三区】（定数五）

当中村喜四郎（自前）　一二九九八二票
当丹羽　雄哉（自前）　一一四九七九票
当赤城　徳彦（自前）　八五五五二票
当二見　伸明（公前）　六九六八九票
当竹内　猛（社前）　三五六五七票
次若菜　徳則（社新）　二九二〇九票

◇第四一回衆院選

一九九六（平成八）年一〇月二〇日投票＝投票率五七・〇三％

【一区】

当赤城　徳彦（自前）　一一四七九六票
塚田　延充（新進前）　六三〇六九票

【二区】

当額賀福志郎（自前）　一〇九一三九票
常井　美治（新進新）　五四一三八票

【三区】

当中山　利生（自前）　八九八二二票
永岡　洋治（新進新）　五九〇八〇票

【四区】

当梶山　静六（自前）　一一二九七七票
斎藤全一郎（新進新）　三八〇二八票

【五区】

当塚原　俊平（自前）　六九三六九票
比大畠　章宏（民前）　五三四九七票

【六区】

当丹羽　雄哉（自前）　一一〇四九五票
小林　邦男（新進新）　三九三七二票

【七区】

当中村喜四郎（無前）　一〇〇一七五票
田中　勝也（新進新）　七二二〇八票

【比例北関東】

当葉梨　信行（自前）
当二見　伸明（新進前）

◇第四二回衆院選
二〇〇〇（平成一二）年六月二五日投票＝投票率五九・九一％
【一区】
当赤城　徳彦（自前）　一三二二二九票
佐藤　由美（民新）　五三一八四票
【二区】
当額賀福志郎（自前）　一三五二九六票
常井　美治（民新）　五四六九八票
【三区】
当葉梨　信行（自前）　九七九七二票
比小泉　俊明（民新）　七九二三〇票
【四区】
当梶山　弘志（自新）　一三九八一七票
大和田喜市（共新）　二七九二七票
【五区】
当大畠　章宏（民前）　六五九九五票
岡部　英男（自前）　六二三七五票
【六区】
当丹羽　雄哉（自前）　一二五五八一票
五十嵐弘子（民新）　五一二九二票
二見　伸明（自由前）　二六〇九一票
【七区】
当中村喜四郎（無前）　八八〇九五票
田中　勝也（無新）　五一八二四票
永岡　洋治（無新）　三六三〇七票
【比例北関東】
当中山　利生（自前）
当石井　啓一（公前）

◇第四三回衆院選
二〇〇三（平成一五）年一一月九日投票＝投票率五五・九五％
【一区】
当赤城　徳彦（自前）　一二八三四九票
福島　伸享（民新）　七七四二〇票
【二区】
当額賀福志郎（自前）　一二七三六四票
常井　美治（民新）　五五四四四票
【三区】
当葉梨　康弘（自新）　一〇二三一五票
比小泉　俊明（民前）　九二三〇六票
【四区】
当梶山　弘志（自前）　一一九〇四七票
大嶋　修一（社新）　二八六六〇票

【五区】
当大畠　章宏（民前）　七四四〇七票
岡部　英明（自新）　五九〇九〇票
【六区】
当丹羽　雄哉（自前）　一三〇五二五票
二見　伸明（民元）　七四九一五票
【七区】
当永岡　洋治（自前）　九七六四二票
五十嵐弘子（民新）　四四五四三票
【比例北関東】
当石井　啓一（公前）

◇第四四回衆院選

二〇〇五（平成一七）年九月一一日投票＝投票率六四・四六％

【一区】
当赤城　徳彦（自前）　一四四四九九票
福島　伸享（民新）　八六九九九票
【二区】
当額賀福志郎（自前）　一三八七二八票
小林　誠（民新）　六五二六八票
【三区】
当葉梨　康弘（自前）　一一三七九一票
小泉　俊明（民前）　八二一九六票
【四区】
当梶山　弘志（自前）　一二二二〇〇票
高野　守（民新）　五九九四一票
【五区】
当大畠　章宏（民前）　七四七五三票
比岡部　英明（自新）　七〇〇九八票
【六区】
当丹羽　雄哉（自前）　一四一二一二票
川口　良治（民新）　七六七九八票
【七区】
当中村喜四郎（無元）　八九〇九九票
比永岡　桂子（自新）　八一二三〇票
【比例北関東】
当石井　啓一（公前）

◇第四五回衆院選

二〇〇九（平成二一）年八月三〇日投票＝投票率六七・六〇％

【一区】
当福島　伸享（民新）　一五一一六五票
赤城　徳彦（自前）　九二五二八票

【二区】
当石津　政雄（民新）　一一四四五五票
比額賀福志郎（自前）　一一一六七四票
【三区】
当小泉　俊明（民元）　一四六九八三票
　葉梨　康弘（自前）　一〇三二二八票
【四区】
当梶山　弘志（自前）　一〇四二三六票
比高野　　守（民新）　九七二五六票
【五区】
当大畠　章宏（民前）　九一八五五票
　岡部　英明（自前）　五四五四一票
【六区】
当大泉　博子（民新）　一四七八六五票
　丹羽　雄哉（自前）　一一四二〇四票
【七区】
当中村喜四郎（無前）　七八九九九票
比柳田　和己（民新）　六七三三一票
比永岡　桂子（自前）　六四一八〇票
【比例北関東】
当石井　啓一（公前）
当川口　　浩（民新）
当石井　　章（民新）

◇第四六回衆院選
二〇一二（平成二四）年一二月一六日投票＝投票率五八・八五％
【一区】
当田所　嘉徳（自新）　一〇三四六三票
　福島　伸享（民前）　六六〇七六票
【二区】
当額賀福志郎（自前）　一一三八九一票
　石津　政雄（民前）　四七九二二票
【三区】
当葉梨　康弘（自元）　一一三一五八票
　小泉　俊明（未来前）　四六五三九票
【四区】
当梶山　弘志（自前）　一一三七一八票
　高野　　守（民前）　四八三九五票
【五区】
当大畠　章宏（民前）　六一一四二票
比石川　昭政（自新）　五一八四一票
【六区】
当丹羽　雄哉（自元）　九一一二一票
　狩野　岳也（無新）　四五三七七票
　大泉　博子（民前）　三九一六一票

【七区】
当中村喜四郎（無前）　八一一五七票
比永岡　桂子（自前）　五九六〇五票
【比例北関東】
当石井　啓一（公前）
当新谷　正義（自新）

◇第四七回衆院選
二〇一四（平成二六）年一二月一四日投票＝投票率五五・二四％
【一区】
当田所　嘉徳（自前）　一〇五五三六票
比福島　伸享（民元）　七七一七九票
大内久美子（共新）　三三〇四八票
【二区】
当額賀福志郎（自前）　一四二二三八票
川井　宏子（共新）　四三三〇三票
【三区】
当葉梨　康弘（自前）　一二〇五〇〇票
石井　章（維元）　五五一〇三票
小林　恭子（共新）　三三四六五票
【四区】
当梶山　弘志（自前）　九五六五五票
高野　守（民元）　四一五〇七票

【五区】
当大畠　章宏（民前）　六〇六八八票
比石川　昭政（自前）　五三七三二票
【六区】
当丹羽　雄哉（自前）　一一九一一六票
青山　大人（民新）　八五一二〇票
【七区】
当中村喜四郎（無前）　八八三九三票
比永岡　桂子（自前）　六五六三八票
【比例北関東】
当石井　啓一（公前）

◇第四八回衆院選
二〇一七（平成二九）年一〇月二二日投票＝投票率五一・五三％
【一区】
当田所　嘉徳（自前）　一〇〇八七五票
福島　伸享（希前）　八二八三五票
【二区】
当額賀福志郎（自前）　一〇四一八三票
石津　政雄（希元）　五七〇九八票
【三区】
当葉梨　康弘（自前）　一一三〇六八票

樋口　舞（希新）　五一〇六〇票

【四区】

当梶山　弘志（自前）　九七九六六票
大熊　利昭（希元）　二九五四七票

【五区】

当石川　昭政（自前）　六一四五〇票
比浅野　哲（希新）　五六〇九八票

【六区】

当国光　文乃（自新）　一〇二八二〇票
比青山　大人（希新）　九六九八七票

【七区】

当中村喜四郎（無元）　七七七一九票
比永岡　桂子（自前）　六二六一七票

【比例北関東】

当石井　啓一（公前）
当神田　裕（自新）

平成時代の参院選茨城選挙区結果

◇第一五回参院選茨城選挙区

一九八九（平成元）年七月二三日投票＝投票率六一・五一％

当種田　誠（社新）　五三八一六二票
当狩野　明男（自新）　三三四七七〇票
次曾根田郁夫（自前）　二五六二二六票

◇第一四回参院補選（岩上二郎の死去に伴う）

一九八九（平成元）年一〇月一日投票＝投票率四五・五九％

当野村　五男（自新）　四六七六四三票
次細金志づ江（社新）　三九四一二三票

◇第一五回参院補選（狩野明男の死去に伴う）

一九九二（平成四）年四月一二日投票＝投票率二二・三四％

当狩野　安（自新）　三五七二六五票
奈良　達雄（共新）　一〇四三五八票

◇第一六回参院選

一九九二（平成四）年七月二六日投票＝投票率三六・六二％

当野村　五男（自前）　三七八二〇一票
当矢田部　理（社前）　二七九七六八票

◇第一七回参院選

一九九五（平成七）年七月二三日投票＝投票率三六・九四％

当狩野　安（自前）　三〇四四九七票
当小林　元（新進新）　二三二三九六票
種田　誠（社前）　一八九四二六票

◇第一八回参院選
一九九八（平成一〇）年七月一二日＝投票率五〇・九九％
当郡司　彰（民新）　三一〇〇〇二票
当久野　恒一（自新）　二五六九四八票
野村　五男（自前）　二一二九一二票

◇第一九回参院選
二〇〇一（平成一三）年七月二九日投票＝投票率五〇・一八％
当狩野　安（自前）　五四三三二〇票
当小林　元（民前）　二五六九〇八票

◇第一八回参院補選（久野恒一の死去に伴う）
二〇〇三（平成一五）年四月二七日投票＝投票率三九・六一％
当岡田　広（自新）　七一七一四〇票

◇第二〇回参院選
二〇〇四（平成一六）年七月一一日投票＝投票率五〇・〇七％
当岡田　広（自前）　五八三四七一票
当郡司　彰（民前）　四七七九四八票

◇第二一回参院選
二〇〇七（平成一九）年七月二九日投票＝投票率五四・〇〇％
当藤田　幸久（民新）　五四〇一七四票
当長谷川大紋（自新）　四二七二九七票

◇第二二回参院選
二〇一〇（平成二二）年七月一一日投票＝投票率五五・一一％
当岡田　広（自前）　四九九五六六票
当郡司　彰（民前）　三〇七〇二二票

◇第二三回参院選
二〇一三（平成二五）年七月二一日投票＝投票率四九・六六％
当上月　良祐（自新）　五六〇六四二票
当藤田　幸久（民前）　二〇四〇二一票

◇第二四回参院選
二〇一六（平成二八）年七月一〇日投票＝投票率五〇・七七％
当岡田　広（自前）　六〇九六三六票
当郡司　彰（民前）　三〇六〇五〇票

安定多数誇る自民＝県議会の構図

茨城県は自民党の党員数や県議会の会派構成などで圧倒的多数を誇り、全国でも有数の「保守王国」とされる。平成に入ってからの県議会の会派構成をみても自民党が多数を占め、議会内でも揺るぎない基盤を保持し続けた。それは国政で民主党が政権を奪取した二〇〇九（平成二一）年の翌年一二月に行われた県議選でも変わらず、国政で民主党に吹いた風はほとんど影響がなかった。

平成の県議会の定数は一九九八（平成一〇）年の選挙までは六六人であったが、二〇〇二（平成一四）年一二月の選挙から定数六五人に削減され、さらに一四（平成二六）年に六三人、一八（平成三〇）年に六二人にまで削減された。この間、自民党に所属する県議は一貫して絶対安定多数の四〇議席前後を占め続けた。

その自民党県議団を党県連会長として牽引したのが山口武平（故人）である。山口は一九五五（昭和三〇）年四月に行われた県議選で初当選し政治家としての道を歩み始めた。以来県議一四期を務め、この間県議会議長（第六四代、九七代）、全国都道府県議会議長会長などに就任。また自民党県連では一九七四（昭和四九）年に幹事長に就任してから一三期連続でそのポストを務め、一九八七年から二〇〇九（平成二一）年まで二二年の長きにわたって県連会長を務めた。

山口は〇九（平成二一）年八月三〇日投票の茨城県知事選挙で自民党が推薦した候補が敗れ、また同日選となった総選挙でも自民党が惨敗した責任を取り同年九月七日、県連会長辞任を表明。幹事長時代を含め実に三五年に及ぶ山口体制が終焉を迎えた。

山口は翌一〇（平成二二）年一二月に行われた県議選には出馬しなかったが、県議引退後も自民党県連最高顧問として政治活動を続け各種選挙の応援などに姿を見せたが、一八（平成三〇）年七月二七日、九七歳で不帰の人となった。山口の死去は、橋本県政が一七（平成二九）年で終焉を迎えたことと併せ、本県の「平成の政治史」に終止符を打ち、新たな舞台が幕を開けたことも意味しよう。

市町村合併の推進（平成の大合併）

平成の大合併は一九九五（平成七）年の合併特例法に始まり、二〇〇五（平成一七）年から〇六（平成一八）年にかけてピークを迎えた。国と地方の厳しい財政状況や地方分権の推進などを背景に国の主導のもとに進められ、特に一九九九（平成一一）年七月の合併特例法の改正で取り組みが本格化した。

国は住民発議制度の創設や合併特例債に代表される財政支援

策のほか、中核市や特例市など権限を拡充した都市制度の創設、市や政令指定都市への昇格の際の人口要件緩和などによって市町村の自主的合併を促してきた。特に〇五年の合併三法によって合併特例債に期限が設けられたことや旧市町村議員の在任特例などの優遇策が〇五年度を期限としたため、この時期に合併が集中した。

茨城県内では一九九四（平成六）年一一月一日、勝田市と那珂湊市が合併し、ひたちなか市が誕生した。その翌年の九五（平成七）年に「市町村合併特例法」が施行され合併が本格化するが、〇四（平成一六）年から〇六（平成一八）年に集中、最終的には合併前の八三市町村から四四市町村になった。

具体的には〇四（平成一六）年一〇月一六日に大宮町、山方町、美和村、緒川村、御前山村が合併し常陸大宮市が誕生。同年一一月一日には日立市と十王町が合併し新「日立市」に。同年一二月一日には常陸太田市、金砂郷町、水府村、里美村が合併し新「常陸太田市」になった。

翌〇五（平成一七）年一月二一日には那珂町と瓜連町が合併し那珂市が誕生。同年二月一日には県都・水戸市と内原町が合併、同じく常北町、桂村、七会村が合併し城里町が誕生する。以下、坂東市、稲敷市、筑西市、かすみがうら市など、合併によって新市が次々と誕生していく。平成の大合併の最後は〇六（平成一八）年三月二七日の伊奈町、谷和原村の合併によるつくばみらい市、及び小川町、美野里町、玉里村が合併しての小美玉市の誕生が最後となる。この結果、県内市町村は八三市町村から四四市町村にまで減少した。

一方、全国では一九九九（平成一一）年から二〇一〇（平成二二）年までの一一年間にわたって進められた合併により三二三二（一九九九年三月末）あった市町村数が半分近くまで減り、二〇一〇年三月末には一七二七となった。

（小沼　平）

経　済

バブル崩壊で不況長引く

平成の三〇年を振り返ると、バブル経済の絶頂から崩壊に突き進み、長引く不況にあえいできた時代といえるのではないだろうか。一九八九（平成元）年一二月二九日、株価は三万八九一五円と史上最高値を記録。一九八七（昭和六二）年の株大暴落ブラックマンデー後に日本経済は金融緩和を背景として急速に回復し、バブル経済にのめり込んでいった。日本経済が空前の好景気に浮かれる中、平成の時代が始まった。

土地神話がはびこり、地価は上がる一方で企業業績は好調。企業は海外の不動産までも買い占めに走るようになった。企業は好業績を背景に社員を大量採用したことから学生の就職は売り手市場となり、景気は過熱。国民はこの好景気がいつまでも続くような錯覚に陥っていた。

しかし、その後バブル経済崩壊が訪れる。株式市場は下落を続け、史上最高値から一〇年後の二〇〇九年には七〇五四円とバブル崩壊後の最安値になり、「失われた一〇年」と呼ばれた長期不況に見舞われた。資産価格は一挙に下落し、金融機関は多額の不良債権を抱えた。金融機関の不良債権処理問題は日本経済を長く苦しめることになる。

バブル崩壊で一九九七（平成九）年から一九九八（平成一〇）年にかけて山一証券や北海道拓殖銀行など大手金融機関が相次いで破たんし、金融不安が高まった。二〇〇二（平成一四）年三月、債務超過に陥っていた石岡信用金庫（石岡市）が自主再建を断念し預金保険法に基づく破たん処理を金融庁に申請した。

本店や支店には、信用不安で預金を引き出そうと大勢顧客が詰めかけ、取りつけ騒ぎの様相となった。このときはペイオフ（預金の払い戻し保証額に上限を設ける措置）解禁前だったため、預金は全額保護された。受け皿には水戸信用金庫（水戸市）が名乗りを上げた。

茨城新聞三月二日付では破たんの様子をこう伝えている。

「石岡信用金庫が金融庁に破たん処理を申請した一日、石岡市国府の本店には開店直後から定期預金の解約を求める顧客が押し寄せ、一階ロビーは閉店まで混乱が続いた。市内では、先月に老舗の総合衣料品販売会社が自己破産申請したばかり。同市に唯一本店を構える地元金融機関の破たんは、不況にあえぐ地域経済に大きな影を落としている」

「『（定期解約の方は）大変混雑していますので、月曜か火曜日にご来店ください』──。取り付け騒ぎは本店や各支店で発生し、職員らが混乱回避の対応に追われた。正午すぎに本店に駆け込んできた年配の女性は『会社勤めしている娘から、社内で石金の破たんがうわさになっている。定期を解約してきてと言われてやって来た』と話し、娘と自身の定期預金二通（計約三〇〇万円）の解約のため、約三〇〇人の列に加わった」

金融不安は金融機関の不良債権処理や貸し渋りへとつながり、相次ぐ企業倒産への道のりとなった。破たんした石岡信用金庫の地元、石岡市内では創業三三〇年の歴史を持ち、衣料品販売店を広く展開していた高喜が多額の負債を抱えて自己破産。二〇〇二（平成一四）年は大型倒産が目立った年だった。東証一部上場の中堅製紙会社、日本加工製紙（東京）が自己破産し、生産拠点のあった高萩市やひたちなか市では千人もの失業者を生むことになり、地域経済へ大きな影響を与えた。特に基幹産業だった高萩市への影響は大きく、大量の失業者発生は炭鉱の閉山以来という出来事となった。

流通業界も苦しんだ。食品スーパーの主婦の店マルカワ（岩瀬町）も民事再生法を申請し、負債額も関連会社を含めると計一七五億円に達した。競争激化した食品スーパー業界を象徴する出来事で、バブル経済時の拡大路線が裏目に出た形となった。結局、県内最大手のカスミ（つくば市）が譲渡先となり、県内のスーパーの再編も進んだ。一九九九（平成一一）年には県西地区を地盤とする食品スーパー・ハイマートもたいらや（東京）と合併し、エコスとなった。

不況下では日立製作所など大手企業もリストラを進めた結果、雇用情勢の悪化が消費低迷に拍車を掛けるという景気の悪循環に陥った。企業倒産がなかなか沈静化せず、県内企業は苦しい企業経営を強いられた。背景には、金融機関の不良債権処理のほかに、過当競争が続く業界の再編・淘汰も進んだ。地域経済に影響が大きい建設会社を取り巻く環境も厳しく、公共事業削減や民間需要の低迷など建設業界は苦しめられた。バブル経済時に開発が積極的に進められたゴルフ場の経営破たんも相次いだ。

県内の金融業界は、石岡信用金庫の破たんで県内の信用金庫の再編を一気に突き動かした。水戸信用金庫（水戸市）がいち早く石岡信金の支援を打ち出し、土浦信用金庫（土浦市）との合併も表明した。これにより県内の信用金庫は水戸信用金庫と結城信用金庫（結城市）の二信用金庫体制となった。

一方、銀行も県内に四銀行がひしめき、オーバーバンクと指摘されてきたが、本格的な金融再編の波がやってきた。関東銀行（土浦市）とつくば銀行（下妻市）が合併し、関東つくば銀行に。二〇〇九（平成二一）年には関東つくば銀行と茨城銀行（水戸市）が難産の末に合併し、筑波銀行（土浦市）が誕生した。両行合併をめぐってはいったん合併を決めたものの合併協議が破談。裁判を経た上で再び合併への道を歩むなど混乱の中での合併協議となった。県内シェアトップの常陽銀行（水戸市）にも動きがあった。二〇〇三（平成一五）年に破たんした足利銀行（宇都宮市）を傘下に置く足利ホールディングスと経営統合し、持ち株会社の「めぶきフィナンシャルグループ」（東京）が二〇一六（平成二八）年に発足するなど県内金融機関の顔ぶれは平成時代に大きく様変わりした。

県内経済は二〇〇八（平成二〇）年のリーマン・ショックや二〇一一（平成二三）年の東日本大震災に直面するものの、着実に回復を続けてきた。日本経済は二〇一三（平成二五）年七月に日銀の黒田東彦総裁の政策により円安が定着し、大企業の業績も上向きになったことから景気回復を宣言し、長いデフレ経済から脱出する兆しが表れてきた。景気回復の表現は東日本大震災以前の二〇一一（平成二三）年一月以来、二年半ぶりとなり、これで景気拡大期間が二〇一九（平成三一）年一月で戦後最長の七四カ月（六年二カ月）に達した。これまで最長だったのは二〇〇二（平成一四）年二月～二〇〇八（平成二〇）年二月の「いざなみ景気」（七三カ月）だった。これに次ぐのは戦後の高度経済成長時の「いざなぎ景気」（五七カ月）だ。景気回復で県内でも人手不足が深刻化し始め、県内企業でも建設業や流通業などでも少子高齢化による人口減少と合わせて、どう働き手を確保していくか頭を悩ませている。

しかし、米中貿易摩擦や中国経済の減速から日本経済にも停滞感が出始めている。新元号下での日本経済の行方は不透明だ。

進む県内交通網整備

県内経済を支えるのに大きな役割を果たしているのが交通網の整備だ。港湾や高速道路、鉄道、空港など平成時代に整備が急速に進んだ。常陸那珂港（現茨城港常陸那珂港区）は一九九八（平成一〇）年に内貿バース、二〇〇〇（平成一二）年には外貿コンテナターミナルがそれぞれ供用開始され、二〇一一

（平成二三）年に全線開通した北関東自動車道と直結した首都圏の新たな物流拠点として期待を託された。高速道路網は北関東道の全線開通に続き、首都圏中央連絡自動車道（圏央道）も境古河インターチェンジ―つくば中央インターチェンジ間（二八・五キロ）が二〇一七（平成二九）年二月二六日に開通し、県内区間が全線開通した。東関東自動車道も二〇一八（平成三〇）年二月に東関東自動車道の鉾田インターチェンジ―茨城空港北インターチェンジ間が開通するなど全線開通に向けた動きが活発化している。高速道路網の整備は物流に大きな変化をもたらし、自動車メーカーが群馬県や栃木県の工場から車を北関東道を使って港へ運んだり、都心へのアクセスが良い圏央道沿線には物流倉庫が続々と建設されている。

二〇一〇（平成二二）年三月には茨城で初の空の玄関口となる茨城空港（小美玉市）が開港した。航空自衛隊百里基地と滑走路を共用化する形での誕生だった。開港時はアシアナ航空のソウル便のみだったが、翌四月には国内線としてスカイマークの神戸便が就航。当初、不安視されていた利用客の動向も格安航空会社（LCC）などが就航したことで利用者数は伸び続けている。二〇一八（平成三〇）年には茨城空港ターミナルビル来場者が一千万人を突破し、開港以来約八年での到達となった。

鉄道にも大きな変化が訪れた。常磐新線構想発表から二七年、東京・秋葉原―つくば駅間を結ぶつくばエクスプレス（TX）が二〇〇五（平成一七）年八月二四日に開業した。筑波研究学園都市と東京を結ぶ首都圏の新たな路線の誕生に経済波及効果と本県発展に大きな期待が寄せられた。常磐線沿線のベッドタウン化が進行し都心への通勤通学客の混雑の激しさから、第二常磐線として新しい鉄道の建設構想が県総合計画に初めて盛り込まれたのは一九六五（昭和四〇）年。県は一九七八（昭和五三）年に常磐新線構想を発表し、運輸政策審議会の答申を経て、一九八九（平成元）年、鉄道建設と宅地開発を一体的に進める宅鉄法、いわゆる常磐新線法案が成立した。茨城県や関係自治体、民間企業が出資して一九九一（平成三）年に第三セクターの首都圏新都市鉄道が設立され、一九九四（平成六）年一〇月、秋葉原で起工式が行われた。全線五八・三キロで、秋葉原―つくば間を最速四五分で結ぶ電車はワンマン運転で最高時速一三〇キロ。踏切はなく、全駅に可動式ホーム柵を設置し安全対策が施された。心配された経営状況も二〇一七（平成二九）年度決算は旅客輸送人数の堅調な伸びや沿線開発の進展を追い風に純利益が四六億円と過去最高を更新し、二二億二千万円あった累積損失が解消するなど経営は順調だが、混雑解消や東京駅延伸をどうするかなど経営課題も多い。

鉄道はTX開業といった明るい話題もあったが、筑波鉄道（土浦―岩瀬、一九八七年廃止）に続いて、平成に入ると日立電鉄線（鮎川―常北太田）が二〇〇五（平成一七）年に廃線。鹿島鉄道（石岡―鉾田）も二〇〇七（平成一九）年三月末に廃線となった。車社会の進行と少子高齢化で通勤通学客の減少が拍車を掛けた。これらは廃線跡の一部で軌道部分を舗装したバス専用道路（ＢＲＴ）が整備され、新たな交通機関として再利用されている。

日立電鉄線や鹿島鉄道の廃線に続き、茨城交通湊線（勝田―阿字ケ浦）も経営危機で存続問題が注目されていたが、二〇〇八（平成二〇）年に第三セクター会社、ひたちなか海浜鉄道（ひたちなか市）として再出発し、東日本大震災で被害を受けたものの復旧を果たした。二〇一七（平成二九）年度の利用者数は一〇〇万人を達成するなど地元の住民や観光客の足として親しまれている。ネモフィラなど観光客に人気の国営ひたち海浜公園への延伸計画（約三・一キロ）も浮上しており、地元の期待が高まっている。

ＴＸ開業に伴い、常磐線でも二〇〇七（平成一九）年三月のダイヤ改正で、普通列車に最高時速一三〇キロの新型車両を導入してスピードアップ化。常磐線初となる普通列車のグリーン車も営業を開始した。二〇一五（平成二七）年には上野止まりだった常磐線が上野東京ライン開業により、品川などへ一部の特急列車や普通列車が直通となったため、乗り換えがなくなり利便性が格段に増した。

県内では地方バス路線も相次いで廃止され、その代わりに自治体によるコミュニティバスの運行が盛んとなっているが、バス路線を取り巻く環境は依然として厳しい。

変わる商業地図

平成時代は県内の商業地図が大きく変化した。いわゆる商店街の衰退だ。県内はこれまで駅前を中心とした商店街が広がり、そこに買い物客が集まってにぎわいを見せていた。商店街には核となる百貨店などの大型店があり、その周りに商店が連なる形で街が発展してきた。ところが中心市街地にある百貨店やスーパーの閉店が相次ぎ、長年買い物客に親しまれてきた大型店が各地で姿を消す一方、幹線道路沿いなどの郊外では大型小売店舗立地法（大店立地法）施行の影響もあり、大型のショッピングセンター（ＳＣ）の出店がめじろ押しとなった。高速道路など道路整備が進んで、商圏も県境を超えて拡大する傾向にあり、販売競争の激化とともに商業地図も一変した。

二〇〇三（平成一五）年二月には水戸市の中心市街地にあるボンベルタ伊勢甚水戸店が閉店した。跡地が国道五〇号を挟んで目の前にある水戸京成百貨店をキーテナントとする再開発事業の対象地区となったためだ。その後、「京成百貨店」が二〇〇六（平成一八）年に開業。だが、長年百貨店が向かい合ってきた水戸の中心街は百貨店が一つとなってしまった。経営危機に見舞われた総合スーパー・ダイエーの水戸店（水戸市）も二〇〇五（平成一七）年に閉店。水戸の中心市街地には食料品店が少なく、地元の高齢者は「生鮮食品を買うところがなくなってしまう」と嘆く声が多く聞かれた。現在跡地には分譲マンションが建設され、一階には食品スーパーが入った。二〇一八（平成三〇）年にはJR水戸駅北口の顔として中心市街地における商業をけん引してきた「丸井水戸店」も閉店し、半世紀に及ぶ歴史に幕を下ろした。

一方、市内には二〇〇五（平成一七）年、当時北関東最大の商業施設「イオン水戸内原ショッピングセンター」（現在のイオンモール水戸内原）が開業し、大型店撤退が相次いだ中心商店街と明暗を分けた。オープンしてから連日大勢の買い物客を集め、その後増床するなど勢いは止まらない。四車線の国道五〇号の幹線沿いにあり、JR内原駅からも近く広範囲から車や鉄道による集客をしている。

県内では水戸市以外でも中心市街地の大型店閉鎖が相次いだ。つくばエクスプレスつくば駅前の「西武筑波店」「イオンつくば駅前店」のほか、土浦駅前の「丸井土浦店」や日立市の「ボンベルタ伊勢甚日立店」が撤退。取手や高萩、結城、土浦、古河市のそれぞれ駅前や駅近くにあったイトーヨーカ堂も店を閉めた。二〇〇二（平成一四）年にはJR下館駅前の再開発ビル・スピカ内で営業していた「下館サティ」が撤退。イトーヨーカドー土浦店や下館サティが入っていた再開発ビルはその後、いずれも土浦市役所、筑西市役所が入居している。

一方、県南地区ではつくばエクスプレスの二〇〇五（平成一七）年開業に伴い、つくば市内に「イーアスつくば」や「LALAガーデンつくば」「イオンモールつくば」などの大型SCが相次ぎオープン。土浦市には二〇〇八（平成二〇）年に「イオンモール土浦」、阿見町には二〇〇九（平成二一）年に「あみプレミアム・アウトレット」など続々大型商業施設が開業。TX沿線では新しいまちづくりが進んで人口も増加しており、商業施設間の販売競争が激しさを増している。

大型商業施設の乱立の背景には出店環境の変化が大きい。大店立地法は規制緩和で二〇〇〇（平成一二）年に施行され、それまで商店街保護のため大型店進出の際、売り場面積を大幅に削った商業活動調整協議会はなくなった。商店街は後ろ盾を失い、郊外型の大型SCの相次ぐ進出が商店街を衰退させる原因になっているとの声も強まった。ただ中心市街地にも大型店の存在は欠かせず、相次ぐ撤退に商店街は頭を悩ませる。空き店舗も増え、活性化に向けた有効策がなかなか打ち出せない。

工場立地、県民豊かに

バブル経済後の長引く不況で県内経済を支える製造業を取り巻く環境も厳しさを増し、開発した工業団地も販売不振に苦しんだ。しかし日本経済が力強さを取り戻し、徐々に景気が上向き始めると茨城の用地の安さに加え、高速道路などの交通網の整備が進んで工場用地としての需要が高まりを見せてきた。

企業立地として大きな話題を呼んだのが、本県にとって初の自動車産業の工場立地となる「日野自動車古河工場」だ。自動車産業は数多い部品にかかわる産業であるため裾野が広く、地域への経済波及や雇用の効果が期待されるのが特徴。そのため地元の期待も大きかった。また、建設機械の「日立建機」や「コマツ」も港湾があるひたちなか市に新工場を相次ぎ建設するなど工場進出が活発化し、自治体による企業誘致が盛んとなった。

トラック生産の日野自動車は二〇一二（平成二四）年に古河工場の操業を開始し、二〇一七（平成二九）年には本格稼働させた。東京都日野市の本社工場など首都圏の既存工場を全て古河に移す壮大な計画だった。古河工場は敷地面積約六六ヘクタールと広大である。工場の誘致活動は二〇〇六（平成一八）年に始まり、五年越しで実った形だ。広大な工場用地が確保できることに加え、首都圏中央連絡自動車道（圏央道）にも近く、高速道路を使えば港湾を使った輸送も可能で、立地環境の良さが工場進出の鍵を握ったとみられる。工場稼働に合わせて関連企業の進出なども続いており、工場立地が地域の活性化につながることが期待できる良い事例となった。

茨城県は二〇〇七（平成一九）年から二〇一六（平成二八）年の一〇年間で工場立地面積が一〇八七ヘクタールに増加し全国一位となった。二位の静岡県（七七二ヘクタール）や三位の愛知県（七一六ヘクタール）を大きく引き離しており、際立つ数字だ。県外企業立地件数も三〇四件とこれも全国トップを誇る。首都圏の北に位置するが、県南地区ならば都心まで五〇㎞程度と近く、その割に土地が広く安く得られ、さらに交通インフラである鉄道、高速道路の整備が進み、都心へのアクセスのしやすさが理由である。茨城空港の開港や国際港湾も充実する一方、筑波研究学園都市といった最先端の科学を生かした産学官共同も進む。本県の製造品出荷額は約一一兆四一〇〇億円と全国八位を誇るなど県内経済は着実な成長を遂げている。また、本県の主力産業である農業も農業産出額が常に全国上位に入るなど地域を支える産業として太い柱となった。

県民は平成時代に豊かになったのか。内閣府がまとめた二〇一五（平成二七）年度県民経済計算の全都道府県推計結果によると、本県の一人当たり県民所得は前年度比一三万三千円増の三〇七万九千円となった。全国順位は一〇位だった。茨城県はかつて県民所得や道路舗装率、児童福祉施設、高校進学率、病院ベッド数など全国的にも最低ラインにある分野が目立つなど「後進県」のイメージが強かった。戦後から県民の暮らしの向上を図るため、鹿島開発をはじめとするさまざまな施策が展開され、平成時代の三〇年にそれがさらに加速した形となった。県の将来的な計画では県民所得もさらに向上させて全国順位のアップも狙う。少子高齢化や人口減少と地域を取り巻く環境は決して明るくはないが、こうした状況下でもどう経済的な豊かさを追求できるか、次の時代にかかっているといえそうだ。

（大高茂樹）

社　会

猛威ふるう自然災害

平成時代の三〇年間を振り返ると、阪神・淡路大震災（平成七年）や東日本大震災（平成二三年）に象徴されるように、災害が多発した時代であった。それは本県においても同様で、一九九一（平成三）年に発生した日立市の山火事、九八（平成一〇）年の那珂川氾濫、東日本大震災、つくば市北条地区の竜巻災害（平成二四年）や常総大水害（平成二七年）など県内に大きな爪痕を残した。

一九九一（平成三）年三月七日、日立市助川町の国有林から出火、西北西の強風にあおられ付近の住宅地に飛び火した山火事で民家一一棟が全半焼、火は二六時間燃え続け、山林一八〇ヘクタールを焼失した。

一九九八（平成一〇）年八月二八日、台風四号の影響による記録的豪雨が関東、東北地方を襲い、堤防決壊による民家流出や土砂崩れによる生き埋めなど大きな被害を及ぼした。県内でも那珂川が増水し、家屋浸水や橋の流出など被害が続出。水戸市やひたちなか市などで家屋一〇〇〇戸が浸水し、住民四万人に避難勧告が出された。水稲や野菜など農作物への被害も拡大し、被害面積は一四七ヘクタール、被害総額は約八億五〇〇〇万円に上った。被害が最も大きかった水戸市では、被災した住民の多くが堤防建設の遅れを批判した。中でも水府地区は築堤に協力するため、市が近くに造成した団地へ移った住民もいたが、そうした人たちの家にも水は容赦なく迫った。

この洪水から一カ月後の一〇月上旬、建設省（現国土交通省）常陸工事事務所は、水戸市水府地区とひたちなか市枝川地区に対する緊急対応策をまとめた。緊急対応策は、本格的な堤防建設を進める一方、用地取得のめどが立っていない地区では築堤ルートをずらした暫定の堤防を建設することであった。当時、那珂川は必要な堤防の二割程度しか完成していないという低い水準にとどまっていたが、二〇一八（平成三〇）年には約四割まで進んでいる。

二〇〇九（平成二一）年一〇月八日、激しい風雨をもたらした台風一八号の影響で龍ケ崎市佐沼町、土浦市宍塚地区で竜巻が発生。水戸地方気象台によると、住宅の窓ガラスが割れて手を切るなど両市で計六人が負傷、建物では一六棟が全半壊、屋根瓦が吹き飛ばされるなど計三二八棟に被害が出た。

二〇一一年三月一一日、東日本大震災が発生。宮城県沖でマグニチュード九・〇の地震による死者、行方不明者は一万八四三二人に上り、建築物の全壊・半壊は四〇万二七〇四戸に及んだ。国内で起きた自然災害で死者、行方不明者の合計が一万人を超えたのは戦後初めてで、明治以降でも関東大震災、明治三陸地震に次ぐ被害規模。同震災での犠牲者の死因の大半は地震後に押し寄せた津波に巻き込まれたことによる水死であった。

東日本大震災では、県内でも震度六強の揺れに見舞われ、津波が発生。同震災による県内の死者は二四人、震災関連死者四一人、行方不明者一人、負傷者は七一二人に上った。また建築物の被害は全壊、半壊、一部破損等の合計が二一万棟以上。上下水道、電気等のライフラインや道路等のインフラが破壊・寸断されたほか、大規模な津波の発生によって太平洋沿岸市町村の建物や工作物が浸水・流失する被害を受けるとともに、利根川や霞ヶ浦等の河川・湖沼周辺の市町村をはじめとして大規模な液状化が発生した。建造物では北茨城市の六角堂が津波で流された。

震災で未曽有の被害を受けた翌一二（平成二四）年五月六日、今度はつくば市北条地区で国内でも最大級の竜巻が発生し、自宅にいた中三男子が死亡し住民四二人がけがを負った。建物被害は一〇八二棟に上り、このうち家屋は九五三棟が損壊した。県は同日付でつくば市と筑西、桜川、常陸大宮の四市に災害救助法を適用した。

二〇一五（平成二七）年九月九日から一〇日にかけ、台風一八号の湿った空気が流れ込んだ影響で栃木県と本県の県西地域などで記録的な大雨となり、常総市の鬼怒川の堤防が決壊、大規模な浸水被害に見舞われた。県は一〇日午前、災害対策本部を設置し自衛隊に出動を要請。自衛隊や警察、消防が家屋などに取り残された住民を救助した。

この水害により常総市で一万一〇〇〇世帯が浸水。県内では約一〇万世帯、約二五万人に避難指示や避難勧告などが出され、三六市町村に二九九カ所の避難所が開設されて大勢の住民が避難した。

相次ぐ原子力事故

東海村を中心に原子力関連施設が数多く設置される本県にあって、平成時代は原子力事故が相次いだ時代でもあった。その中でも特に被害の大きかったものは一九九七（平成九）年三月一一日に東海村の動力炉核燃料開発事業団の東海事業所アスファルト固化処理施設で発生した火災爆発事故、九九（平成一一）年九月三〇日に東海村の民間会社ＪＣＯ東海事業所の核燃料加工施設で起きた臨界事故が挙げられよう。

言うまでもなく東海村はわが国で初めて原子の灯がともされた原発発祥の地であり、国の原子力研究の中心的役割を果たしてきた。一九五六（昭和三一）年六月に日本原子力研究所が同村に設置され、最初の原子力発電が六三（昭和三八）年に行われた。そしてわが国初の商業用原子力発電が原電東海発電所でスタートした。

動燃東海で火災爆発事故

その東海村の東海再処理工場アスファルト固化処理施設内で九七年三月、同施設内に置かれていた充填済みドラム缶数本で火災が発生。固化体内の放射性物質が当該建屋および隣接する建屋内に拡散し、一部の排気筒モニタ及び室内ダストモニタの指示値の上昇や警報が確認され作業員の退避が行われた。

そして火災の発生から約一〇時間後の午後八時ごろ、同施設において爆発が発生し、建屋の窓、扉などが破損、大気中に放射性物質が放出された。この事故では従業員三七人が被ばく。後に虚偽の消火確認時間を国に報告していたことが発覚するなど、動燃への国民、県民の不信が高まった。動燃はその後、改組・統合を経て現在の日本原子力開発機構となった。

ＪＣＯ臨界事故

旧動燃の火災爆発事故からわずか三年にも満たない一九九九（平成一一）年九月三〇日、今度は東海村の民間会社ＪＣＯの核燃料加工施設で臨界事故が発生した。この事故では国内で初めて事故被ばくによる死者二人を出した。事故は旧動燃が発注した高速実験炉・常陽（大洗町）の燃料を製造中に発生した。

ＪＣＯは燃料加工の工程において臨界事故防止を重視した正規のマニュアルではなく「裏マニュアル」に沿って作業していた。原料であるウラン化合物の粉末を溶解する工程では、正規のマニュアルでは「溶解塔」という装置を使用すると定められていたが、裏マニュアルではステンレス製のバケツを用いるという手順に改編されていた。しかも臨界事故前日の九月二九日からは作業の効率化を図るため、この裏マニュアルとも異なる手順で作業がなされていた。

具体的には濃度の異なる硝酸ウラニル溶液を混合して均一濃度の製品に仕上げる均質化工程において「貯塔」という容器を使用すべきところを「沈殿槽」という別の容器を使用していた。貯塔は臨界に至りづらい形状であったが、沈殿槽は非常に臨界を起こしやすい構造であった。その結果、溶液が臨界状態となり、ステンレスバケツで溶液を扱っていた作業員は「ウラン溶液を溶解槽に移しているときに葵光が出た」と臨界が起きた旨を証言している。この事故では施設内で作業していた社員三人のうち、大量に放射線を浴びた二人が死亡したほか臨界を終息させる作業に当たった社員や周辺住民らが多数被ばくした。

事故当時、現場から半径三五〇m以内の住民に避難要請、半径一〇㎞圏内の住民約三一万人に屋内避難要請が出された。周辺の学校や企業は休業、公共交通機関も運転を中止するなど大きな被害と混乱を招いた。事故発生から一年後、当時の事業所長ら六人が業務上過失致死の疑いで逮捕、起訴され、原子力事故で初めて刑事責任が問われた。二〇〇一年四月に初公判が開かれ、〇三年三月に判決が確定し六人に執行猶予付きの有罪判決、原子炉等規制法違反などに問われたＪＣＯに罰金一〇〇万円が言い渡された。

ＪＣＯはこの臨界事故後、燃料加工の事業をやめ、事故から二〇年が過ぎた二〇一九（平成三一）年二月現在、事業終了に伴う残務処理や施設管理などを行っている。当時としてはわが国の原子力史上最悪の事故とも言われた臨界事故は、安全に対する抜本的な再検討の必要性を提起した。

東日本大震災と東海第二原発

ＪＣＯの臨界事故から一二年後の二〇一一（平成二三）年三月一一日、東日本大震災が発生した。地震による津波被害で福島第一原子力発電所の原子炉が冷却不能となり、全電源喪失によって炉心溶融（メルトダウン）と原子炉建屋の水素爆発を引き起こし、原子力事故としては一九八六年のチェルノブイリ原発事故以来のレベル７に相当する大規模な放射能汚染を東北・関東地方に及ぼした。

具体的には地震から約一時間後に遡上高一四〜一五メートルの津波が福島第一原発を襲い、一〜五号機で全交流電源を喪失。原子炉を冷却できなくなり、一号炉、二号炉、三号炉で炉心溶融が発生。さらに一、三、四号炉で水素爆発が起きて原子炉建屋など周辺施設が大破し、膨大な量の放射性物質が大気中に放出された。一〜三号炉の炉心溶融はその後も進み、最終的に核燃料のほとんどが溶融し圧力容器（原子炉）の外に漏れ出す炉心貫通（メルトスルー）に至っていると推察されている。

政府は事故発生後、福島第一原発から半径二〇㎞圏内を警戒区域、二〇㎞以遠の放射線量の高い地域を計画的避難区域として避難対象地域に指定し、一〇万人以上の住民が避難した。二〇一二（平成二四）年四月以降、放射線量に応じて避難指示解除準備区域、居住制限区域、帰還困難区域に再編され、帰還困難区域では立ち入りが原則禁止されている。二〇一四（平成二六）年以降、一部地域で避難指示が解除されているが、帰還困難区域での解除は事故発生から一〇年後の二〇二一年以降となる見通しだ。

この大事故発生から七年が過ぎた二〇一八（平成三〇）年四月時点においても、少なくとも約三万四〇〇〇人もの人たちが仮設住宅で暮らすなど避難生活を余儀なくされている。

東日本大震災による津波被害では、福島第一原発だけでなく東海村の東海第二原発でも非常用ディーゼル発電機三台のうち一台が海水を被って故障、何とかほかの二台で電源喪失を食い止めていたことが分かった。津波があと七〇㎝高かったならば、東海第二原発も福島第一原発と同様に全電源を喪失し原子炉の冷却ができなかった可能性があるとの指摘もなされている。

このように平成は原子力事故が本県はもちろん、わが国全体を翻弄し、原子力に対する「安全神話」と原子力行政に対する信頼を失墜させる事態を招く時代となった。

その他の事件・事故

布川事件

一九六七（昭和四二）年に利根町布川で強盗殺人事件が発生。犯人として近隣に住む青年二人が逮捕され無期懲役が確定したが、証拠は被告人の自白と現場の目撃証言のみで、当初から冤罪の可能性が指摘されており、二〇〇九（平成二一）年再審が開始され、二〇一一年五月二四日、水戸地方裁判所土浦支部にて無罪判決が下された。

その理由について、裁判では捜査段階の自白に関し「信用性を肯定できず、任意性も疑いを払拭できない」とし、逮捕から実に四三年を経て二人の名誉が回復された。戦後に無期懲役以上の判決が下った裁判で、再審無罪判決になった例は六件しかなく、布川事件が七件目だった。

ＪＡ北つくば二億二二〇〇万円現金強奪事件

下館市（現筑西市）のＪＡ北つくば本店で一九九七（平成九）年八月八日、現金輸送車が襲撃され、約二億二二〇〇万円が奪われた。その翌年の九八年五月六日、下館署の捜査本部が強盗致傷の疑いでコンサルタント会社役員や県信連の現金輸送業務を担当していた国際警備保障の当時の警備員ら二人を含む容疑者五人を逮捕した。当初からＪＡ北つくばに狙いを定めた計画的な犯行だった。

物証や目撃者が少なく捜査が難航していたが、事件発生から九カ月目にして警察の容疑者逮捕への執念が実った。奪った現金は五人で分け、高級外車やギャンブルなどに充てほとんど使い果たしていた。

栃木小一女児殺害事件

栃木県今市市（現日光市）で二〇〇五（平成一七）年一二月一日、下校途中の小学一年、吉田有希ちゃん（当時七歳）が行方不明となり翌二日、常陸大宮市の山林で遺体が発見された。

二〇一四（平成二六）年六月、栃木、茨城両県警が勝又拓哉被告を殺人容疑で逮捕した。その後、一六（平成二八）年四月八日、宇都宮地裁で判決公判が開かれ、求刑通り無期懲役を言い渡した。弁護側は即日控訴。その控訴審判決が一八（平成三〇）年八月三日、東京高裁で開かれた。藤井敏明裁判長は「自白に基づいて殺害の日時、場所を認定した一審は事実誤認がある」などとして無期懲役とした一審宇都宮地裁の裁判員裁判判決を破棄した上で、勝俣被告に改めて無期懲役を言い渡した。同被告は捜査段階で自白したのち、公判では一転、無罪を主張。物証が乏しく、自白の信用性が最大の争点となったが、藤井裁判長は判決の理由として「間接事実を総合すれば、被告が殺害の犯人であることが合理的な疑いを差し挟む余地なく認められる」とした。これに対し、弁護団は判決を不服として即日上告した。

土浦荒川沖連続殺傷事件

二〇〇八（平成二〇）年三月二三日、土浦市のＪＲ常磐線荒川駅構内と通路で、金川真大容疑者が包丁で通行人の男女八人を次々に刺した。男性一人が死亡し男女二人が重体を負ったほか、警察官一人を含むほかの男女五人もけがをした。金川容疑者は土浦市内の民家で一九日にあった殺人事件で全国に指名手配中で県警は同事件の殺人容疑で逮捕した。

二〇〇九（平成二一）年一二月一八日、同事件の判決公判が水戸地裁で開かれ、金川被告に死刑判決が言い渡された。その後、一三（平成二五）年二月二一日、東京拘置所にて死刑執行された。

（小沼　平）

スポーツ

プロスポーツの時代

一九九三（平成五）年五月一五日、プロサッカーリーグ「Ｊリーグ」が開幕した。その後の日本サッカー界の歩みが示すように、「プロ化」の流れは、他の競技にも大きな刺激となり、日本のスポーツのあり方を大きく変える転機となった。発足当初の一〇チームの中に入った鹿島アントラーズは、日本サッカー界を代表する強豪クラブに成長した。リーグの拡大に伴い、水戸ホーリーホックが二〇〇〇（平成一二）年にＪリーグ二部でスタートし、Ｊ１昇格を目指して健闘している。

鹿島アントラーズの母体は日本リーグ二部の住友金属鹿島。リーグの示すホームタウンの条件を満たすには最も厳しく、県が専用スタジアムを建設することで、辛うじて最初の一〇チームに滑り込んだ。ワールドカップに三度出場したブラジルの英雄ジーコが一九九一（平成三）年に入団したが、当時既に四〇歳。プロ化を断念した本田技研から選手が加わったものの、優勝を争うようなチームと評価されなかった。ところが開幕直後から快進撃を続け、第一ステージ優勝。全国的なＪリーグブームの中で一躍注目を浴びた。

一九九六（平成八）年に念願のリーグ優勝を果たして以降、リーグ制覇は計八回、このうち二〇〇七（平成一九）～二〇〇九（平成二一）年は三連覇。ヤマザキ・ナビスコ杯（ルヴァン杯）優勝六回、天皇杯全日本選手権優勝五回と、国内タイトル獲得数では、他のクラブを断然引き離している。二〇〇〇年のリーグ、ナビスコ杯、二〇〇一（平成一三）年の天皇杯を制して国内三冠を達成し、鹿島は「常勝軍団」が代名詞となった。二〇一五（平成二七）年に日本で開催された世界クラブ選手権では決勝に進出。無敵の強さを誇り「銀河系軍団」と称されるレアルマドリード（スペイン）を相手に互角の戦いを見せた。

鹿島の躍進はさらに続く。二〇一八（平成三〇）年には挑戦八度目のアジアチャンピオンズリーグで念願の初優勝を果たし、アジア王者として臨んだ世界クラブ選手権では世界の強豪クラブと戦い、四位となった。

日本サッカー関係者の長年の悲願は日本代表チームをW杯の本大会に送ることであった。Jリーグの成功によって、日本代表は一九九八（平成一〇）年フランス大会を皮切りに、日韓共催となった二〇〇二（平成一四）年も含め、六大会連続で本大会出場を続けている。鹿島からも多くの選手が日本代表に選ばれている。さらに鹿島を足場に海外の強豪クラブで活躍する選手も出てきた。

日韓大会では、県立カシマサッカースタジアムが会場地に選ばれたため、W杯仕様とする改修工事が行われ、一五〇〇〇人収容から四万人収容へと大きく拡大された。

水戸ホーリーホックは、一九九九（平成一一）年にJリーグ二部（J2）昇格を決め、二〇〇〇年からリーグに参戦した。中位以下の成績が続き、J2の中では最古参のクラブチームとなった。二〇一八（平成三〇）年に昇格の条件となるJ1ライセンスを獲得し、戦力強化に力を入れる。

プロバスケットボールの「Bリーグ」は二〇一六（平成二八）年にスタートした。本県からは前身のつくばロボッツからチーム名を改めたサイバーダイン茨城ロボッツがB2リーグに所属し、活動本拠地をつくば市から水戸市に移し、上部リーグへの昇格を目指している。

高校野球「日本一」再び

阪神甲子園球場を聖地とする高校野球。その長い歴史の中で茨城県の代表チームは初戦敗退が多かった。一九八四（昭和五九）年夏の全国選手権で、取手二が県勢初の全国優勝を果たし、優勝旗が初めて「利根川越え」した。一九八七（昭和六二）年に常総学院が初出場で準優勝した後は、平成に入って県勢の活躍が続いている。取手二を日本一に導いた名将・木内幸男監督が常総学院で指導を続け、二〇〇一（平成一三）年から夏の県大会三連覇するなど茨城を代表する強豪チームに育て上げた。二〇〇三（平成一五）年夏、常総学院は決勝でダルビッシュ有投手を擁する東北（宮城）に勝利し、初優勝を飾った。

平成時代、同校は夏の選手権には一四回（通算一六回）、春の選抜には八回（通算九回）出場、仁志敏久（巨人）や金子誠

（日本ハム）など、プロ野球界で活躍する選手を続々と輩出している。

常総学院は一九九四（平成六）年春の選抜大会で準優勝。二〇〇一（平成一三）年春の選抜大会では初優勝を果たした。この年、県勢は常総学院の他、藤代、水戸商の計三校が出場した。常総学院に負けじと、他のチームも甲子園で活躍を見せている。水戸商は一九九九（平成一一）年春の選抜大会で準優勝した。同校OBでは井川慶が阪神を経てメジャーリーグのヤンキースに入団した。木内監督の教え子の世代が県内の高校で指導する時代に入り、常総学院以外にも甲子園を狙う強豪校が出てきた。また、明秀日立は、光星学院（青森）を優勝に導いた金澤成奉監督が就任して以来、実力を上げ、二〇一八（平成三〇）年の選抜大会に出場、三回戦進出を果たした。

社会人野球は県内に本拠地を置く日立製作所、新日鐵住金の企業チーム二強がしのぎを削り、都市対抗大会では日立製作所が二〇一六（平成二八）年に準優勝。新日鐵住金鹿島は二〇〇〇（平成一二）年、二〇一〇（平成二二）年、二〇一一（平成二三）年の三度四強入りを果たしている。

社会人野球の茨城ゴールデンゴールズは、二〇〇五（平成一七）年、桜川村（現稲敷市）を活動本拠地とするクラブチームとして発足。タレントの萩本欽一さんが監督を務め、選手に若手タレントを起用した「欽ちゃん球団」は話題を呼び、本拠地で開催する試合には多くの人が詰めかけて声援を送った。全日本クラブ選手権で二〇〇七年初優勝、二〇一四年に六年ぶり三度目の優勝を果たした。

高校スポーツ飛躍の時代

平成時代の県内高校スポーツ界の話題は、ラグビー日本一に輝いた茗渓学園の活躍で幕を開けた。一九八八（昭和六三）年暮れに始まった第六八回全国高校ラグビー大会に茨城代表で出場した茗渓学園が、強豪を次々と破って決勝進出した。年明けの一九八九（昭和六四）年一月七日に決勝が予定されていたが、昭和天皇崩御のため試合は中止され、大阪工大高（大阪）と両校優勝となった。

茗渓学園はこの時四年連続四回目の出場。中学校時代から培ったパスワークを生かし、自陣からも積極的に回す流れるような展開ラグビーは、強力なスクラムとキックで支配する戦法が当然とされていた高校ラグビー界の「常識」を変えた。続く一九八九（平成元）年度の第六九回大会でも準決勝に進出。啓光学園（大阪）に敗れて三位に終わったが茗渓ラグビーの存在感を全国に示した。茗渓学園の全国優勝は、昭和最後の日に決定しており、厳密にいえば平成三〇年史の解説にはそぐわないが、あえて平成最初の出来事として取り上げた。

茗渓学園は二〇一二（平成二四）年度にもベスト四入り、べスト八は四回と活躍。二〇一八（平成三〇）年度を含め、花園出場は計二四回に及んだ。

一躍ラグビーの強豪県となった茨城で茗渓に負けじと活躍したのが、鹿嶋市の清真学園だった。茗渓と同じ中高一貫校で、一九九三（平成五）年に初めて全国大会に出場。これまでに計八回出場し、一九九六（平成八）年度、二〇〇三（平成一五）年度には準々決勝に進出している。

ラグビー同様に全国に名を響かせたのが高校レスリングの名門・霞ヶ浦である。大澤友博監督の指導の下、全国高校総体では一九九〇（平成二）年から二〇〇〇（平成一二）年まで学校対抗戦（団体戦）一一連覇を飾り、個人戦でもほぼ毎年チャンピオンを輩出した。二〇一三（平成二五）年には通算二三回目の団体優勝を果たした。春の全国高校選抜大会でも一九八八年以降計二〇回の団体優勝を重ねるなど、目覚ましい戦績を残した。

二〇〇二（平成一四）年はワールドカップ日韓大会の年であったが、茨城ではW杯の興奮も冷めやらぬ七月末から八月にかけ、全国高校総体（インターハイ）が開催され、全国から多くの高校生アスリートが集まり、力と技を競い合った。

県勢、五輪で活躍

世界中が熱狂するスポーツの祭典・オリンピックの開催は、平成の三〇年間に夏季大会七、冬季大会八を数えた。茨城出身のアスリートが日本代表として大舞台で活躍し、輝かしい成績を残した。

一九九二（平成四）年アルベールビル五輪のスピードスケートで水戸市出身の川崎努、赤坂雄一の二人がショートトラックの五〇〇〇メートルリレーに出場。この競技では日本勢として初の表彰台となる三位に入った。二年後の一九九四（平成六）年のリレハンメル五輪でも赤坂は同種目に出場、五位入賞した。

一九九六（平成八）年のアトランタ五輪では二人の銅メダリストが誕生した。レスリングの太田拓弥（霞ヶ浦高出身）、自転車一キロタイムトライアルの十文字貴信（取手一高出身）である。

自転車では十文字の後輩にあたる長塚智広が二〇〇〇（平成一二）年のシドニー大会から連続三大会出場、二〇〇四（平成一六）年のアテネ五輪ではチームスプリントで銀メダルを獲得した。

日本のお家芸である柔道でも県勢は目覚ましい活躍を残している。シドニー五輪男子八一キロ級で瀧本誠（坂東市出身）、アテネ五輪では男子一〇〇キロ超級で鈴木桂治（常総市出身）、女子七八キロ超級の塚田真希（下妻市出身）が、それぞれ金メダルを獲得した。塚田は四年後の二〇〇八（平成二〇）年の北京五輪では銀メダルとなり惜しくも連覇を逃した。続く二〇一二（平成二四）年のロンドン五輪では、女子四八キロ級の福見友子（土浦市出身）が数々の世界大会で優勝を重ねてきた実績から金メダルへの期待が高かったが、五輪では不運にも五位に終わった。

二〇一六（平成二八）年リオ五輪では、体操の山室光史（古河市出身）が男子団体メンバーで活躍し金メダルを獲得した。

大相撲、郷土力士の活躍

茨城出身の横綱稀勢の里誕生が最大のニュース。平成時代に活躍した茨城出身の主な力士を紹介する。（番付は幕内最高位）

武双山　大関

水戸市出身、水戸農業高時代にインターハイ優勝。専修大を経て角界入り。一九九四（平成六）年三月、初土俵から数えて八場所で関脇に昇進、「平成の怪物」と称された。二〇〇〇（平成一二）年一月二三日、初場所で初優勝。春場所で一二勝し大関昇進決定。その後は肩や足の故障に悩まされ、優勝は関脇時代の一度で終わった。二〇〇四（平成一六）年九州場所で引退、年寄藤島を襲名。

雅山　大関

水戸市出身、明大を中退し武双山の後を追うように武蔵川部屋に入門。初土俵は一九九八（平成一〇）年七月場所。同年九州場所新十両、一九九九（平成一一）年一月、四場所連続優勝し新入幕。武双山を上回るスピード出世で、「平成の新怪物」とも称された。二〇〇〇（平成一二）年五月場所で一一勝し、大関昇進決定。その後はけがに悩まされながらも土俵を務めた。二〇一三（平成二五）年三月場所で引退、年寄二子山を襲名。

水戸泉　関脇

水戸市出身、高砂部屋。一九九二（平成四）年七月場所、前頭筆頭の地位で初優勝を飾った。関脇にまで昇進したが、けがに悩まされた土俵人生だった。豪快な塩まきパフォーマンスで愛され、二〇〇〇（平成一二）年九月場所を最後に引退、年寄錦戸を襲名。

稀勢の里　横綱

牛久市出身、鳴戸部屋（現田子ノ浦部屋）。二〇〇二（平成一四）年三月場所で初土俵、二〇〇四（平成一六）年五月場所新十両、同年九州場所で新入幕ととんとん拍子に進んだが、そこから伸び悩んだ。二〇一二（平成二四）年初場所で大関昇進。

二〇一七（平成二九）年初場所で初優勝を飾り、茨城県出身では江戸時代の「稲妻雷五郎」、近代相撲の「常陸山」「男女川」に次ぐ四人目の横綱となった。横綱として迎えた同年三月場所も連続優勝を果たしたが、取組で土俵から落ち、肩を痛めたのが原因で八場所連続休場。二〇一八（平成三〇）年九州場所に出場したが、途中休場。二〇一九（平成三一）年初場所で再起を懸けて土俵に上がるが引退。年寄荒磯を襲名。

高安　大関

土浦市出身、鳴戸部屋（現田子ノ浦部屋）。二〇〇五（平成一七）年三月場所で初土俵。恵まれた体を生かした豪快な突き押しが持ち味。二〇一七（平成二九）年五月場所で一一勝四敗とし大関昇進決定。現在は稀勢の里の弟分として幕内で活躍中。

多賀竜　関脇

一九八四（昭和五九）年九月場所で平幕優勝を果たした日立市出身の多賀竜は、一九九一（平成三）年五月場所中に引退し、現在は年寄鏡山として日本相撲協会の要職を務める。

（飯村雅明）

文化

水戸芸術館

水戸芸術館は一九九〇（平成二）年、水戸市五軒町に開設された美術ギャラリーとコンサートホール、劇場の三部門からなる現代芸術の複合文化施設。水戸市制施行一〇〇周年を記念して建てられた高さ一〇〇メートルの塔がそびえ、ＡＣＭ劇場とコンサートホールＡＴＭ、現代美術ギャラリーが配置されている。建物は世界的な建築家、磯崎新が設計した。開館以来、音楽や演劇、美術の各分野で自主企画による事業を行い、国内外で活躍するアーティストの多彩な催しを開催するなど、地域の文化活動の拠点として機能している。その後、全国各地で自主企画を行う施設が続々と誕生したが、三部門にまたがる施設は他に例のないユニークで先駆的な存在として現在でも輝きを放っている。

音楽部門のシンボルである「水戸室内管弦楽団」は水戸芸術館の専属楽団。音楽評論家で初代館長の吉田秀和の提唱で誕生した。サイトウ・キネン・オーケストラのメンバーを主軸にしながら、室内オーケストラとしてのアンサンブルを磨き上げ、発足当時から世界的指揮者の小澤征爾が指揮者として運営に当たっている。

同楽団は当初水戸以外での演奏会を行わなかったが、一九九六（平成八）年から活動の舞台を広げ、日本各地で演奏会を開くほか、一九九八（平成一〇）年には初の欧州公演で五都市を回った。各演奏会で観客から圧倒的な賞賛を得ている。欧州公演は計三回を数える。

美術部門は、収蔵作品を持たず、現代美術に特化した独自の企画展を打ち出している。水戸の中心市街地も巻き込んだ展示を行うなど工夫を凝らす。

演劇部門は狂言や落語などの古典芸能から現代劇、ミュージカルまで幅広い分野の舞台作品を取り上げ、オリジナル作品も発表している。

「水戸のものだけど、水戸だけに視野を閉ざさず、水戸を超えたものになろうと心掛け、前進することを怠らない。そうなって初めて、世界の方でも喜んで日本を、水戸を受け入れてくれるようになるのです」―九〇年三月二一日、当時七五歳の吉田は開館記念式典で運営の方針を示した。

「これまで吉田先生が水戸芸術館で実践されてきたことを引き継いで、音楽・演劇・美術の三つが効率よく機能して、ますます発展するように関係者一同、力を合わせて努めていきたいと思います」―二〇一三（平成二五）年四月四日、吉田の死後、第二代館長として就任あいさつした小澤は、吉田の遺志を継いで水戸でタクトを振っている。

現代茨城作家美術展・茨城県芸術祭

現代茨城作家美術展は、茨城県芸術祭の美術部門である茨城県美術展覧会の委員を中心に、県内外で活躍する茨城ゆかりの作家の秀作を一堂に集めた試みで、一九九九（平成一一）年から隔年で開催されている。出品作家は会派を超えた一〇〇人。彫刻家で日本芸術院会員の能島征二（水戸市）、洋画家で同じく日本芸術院会員の山本文彦（牛久市）、漆芸家で重要無形文化財保持者（人間国宝）の大西勲（筑西市）らが名を連ね、地域に根差した美術ビエンナーレとして定着している。

茨城県芸術祭は、茨城県立県民文化センターが一九六六（昭和四一）年に完成したのを機に、同年秋にスタートした本県最大の文化の祭典。県民の優れた芸術活動の成果を発表・展示し、鑑賞の機会を幅広く提供し、地方文化を継承する役割を果たしている。美術、音楽、舞踊、芸能、古典芸能、演劇・映画、文学の七部門にわたり、所属団体が部門や会派を超えて連携して、芸術・文化の粋を発信し続けている。中でも茨城県美術展覧会は、日本画、洋画、彫刻、工芸美術、書、写真、デザインの七科目で構成され、芸術祭の中核的な存在だ。

多岐に亘る文化団体を束ねるのは、芸術祭誕生と足並みを合わせるように発足した茨城文化団体連合（文団連）である。文団連は毎年の芸術祭を運営し、二〇〇八（平成二〇）年に国民文化祭が茨城県で開催された時、中心的な存在となって運営にあたった。二〇一五（平成二七）年には半世紀の節目となる五〇周年を迎えた。

文化勲章、ノーベル賞

平成時代で本県関係の文化勲章受章者は続々と誕生している。一九九三（平成五）年に筑西市出身の洋画家・森田茂が受章した。その後、二〇〇四（平成一六）年に高エネルギー加速器研究機構（ＫＥＫ）機構長の戸塚洋二、二〇〇六（平成一八）年には音楽評論家で水戸芸術館長の吉田秀和、二〇〇八（平成二〇）年には吉田の「教え子」である指揮者の小澤征爾が受章している。

戸塚は素粒子ニュートリノ研究の第一人者。一九九八（平成一〇）年にスーパーカミオカンデでニュートリノ振動を発見し、素粒子に質量があることを証明し、地元つくばでは後進の指導に力を注いだ。多年にわたり宇宙線物理学の研究、教育に努め、物理学の歴史に残る卓越した業績をあげ、この分野の発展に顕著な功績をしたことが高く評価された。二〇〇八（平成二〇）年死去。

吉田は音楽評論活動の第一人者。水戸芸術館の館長を務め、音楽、美術、演劇の三部門からなる同館の象徴的な存在だった。二〇一二（平成二四）年に九八歳で死去するまで館長を務めた。小澤は吉田の後を継いで、指揮活動の傍ら水戸芸術館長も務める。

毎年一〇月に注目が集まるノーベル賞でも本県関係ではつくば市の研究機関から受賞者が出た。二〇〇〇（平成一二）年には筑波大名誉教授・白川英樹が化学賞、二〇〇八（平成二〇）年にはＫＥＫ名誉教授・小林誠が物理学賞を受賞した。二人はともに文化勲章受章、文化功労者でもある。

このほか、二〇一〇（平成二二）年三月、日立市出身の建築家妹島和世が、建築界のノーベル賞と言われる「プリツカー賞」を受賞した。

本県美術家の活躍・芸術院会員

茨城は陶芸家・板谷波山、日本画家の横山大観をはじめ優れた美術家を輩出してきた。すぐれた芸術家を顕彰する日本芸術院。終身制で会員は一二〇人と決められ、その一員に選ばれることは芸術家としての最高の栄誉である。平成の時代では、本県関係者八人が選ばれている。各氏のプロフィールを選出年の順に紹介する。

鶴岡義雄（洋画）
一九九四（平成六）年。舞妓を題材にした作品で知られ、二科会の理事長としても活躍した。土浦市出身。二〇〇七（平成一九）年没。

那波多目功一（日本画）
二〇〇二（平成一四）年。ひたちなか市出身。日本美術院同人。静謐な雰囲気の植物画を描く。

川崎普照（彫刻）
二〇〇四（平成一六）年。東京都出身。日展作家。両親が茨城出身であった関係で県芸術祭にも数多く出品するなど関わりは深い。人物ブロンズを多く発表。

岡田新一（建築）
二〇〇四（平成一六）年。水戸市出身。建築家・都市計画家。最高裁判所庁舎など公共建築のデザインを多く手がけた。二〇一四（平成二六）年没。

蛭田二郎（彫刻）
二〇〇五（平成一七）年。北茨城市出身。日展作家。岡山大学で長く教鞭を執った。母子像など人物ブロンズを発表。

能島征二（彫刻）
二〇〇六（平成一八）年。東京都出身。日展作家。母方の縁で本県との関わりがあり、彫刻家・小森邦夫に師事。優美な女性ブロンズ像を中心に発表。県内では県芸術祭美術展覧会の会長を永く務め、本県美術界の重鎮として活躍。

市村緑郎（彫刻）
二〇〇八（平成二〇）年。下妻市出身。日展作家。埼玉大学で長く教鞭を執った。女性ブロンズ像などを発表。二〇一四（平成二六）年没。

山本文彦（洋画）
二〇一〇（平成二二）年。東京都出身。二紀会常任理事。筑波大学で教鞭を執り、幻想的な風景に女性を配した構図の作品を多く発表。

県立美術館四館体制に

一九八八（昭和六三）年に茨城県近代美術館が水戸市の千波湖畔に開館し、平成時代に入ってから次々に美術館が建てられ、茨城県内の県立美術館は充実ぶりを見せた。つくば美術館（つくば市）が一九九〇（平成二）年六月、一九九七（平成九）年一一月に天心記念五浦美術館（北茨城市）、陶芸美術館（笠間市）は二〇〇〇（平成一二）年四月にオープンし、県立の美術館が四館もあるという、全国的にも類例のない充実ぶりである。それぞれが特徴を持った存在である。

つくば美術館は、茨城県近代美術館の分館として開館して以来、「現代美術をひらいた巨匠たち展」や「ムンク版画展」など筑波研究学園都市にふさわしい現代芸術の企画展を開く一方、市民の発表の場として活用されてきた。

天心記念五浦美術館は、明治時代に岡倉天心や横山大観らが日本美術院の立て直しを図って再出発を試みた歴史的な場所にある。観光地としての魅力に加えて、日本画を中心とした企画展で人気を集めている。

陶芸美術館は焼き物の産地として知られる笠間市郊外の丘陵地帯を切り開いて造られた「笠間芸術の森公園」の中心施設。陶芸のみならず工芸全般を取り扱っている。

水戸市の千波湖畔に立つ県近代美術館はこれらをまとめる「本館」のような存在ともいえる。

日展の巡回展、三回開催

日展は日本画、洋画、彫刻、工芸美術、書の五科からなる国内最大の総合美術展。毎年一一月に東京で開催され、茨城からも多くの美術ファンが足を運ぶ。その巡回展が一九九一（平成三）年、九八（平成一〇）年、二〇一一（平成二三）年に開かれた。三度目となった二〇一一年は六月一八日から七月一八日までの約一カ月間、水戸市千波町の茨城県近代美術館で開かれ、全国を巡回する著名作家の作品に本県作家の入選作を加えた三七七点を展示。会期中の来場者は三万五千人を突破し、国内最高水準の美を堪能した。

吉田正音楽記念館が故郷の日立市にオープン

「いつでも夢を」など多くの歌謡曲を作曲し、国民栄誉賞に輝く日立市出身の作曲家、吉田正の業績を顕彰する吉田正音楽記念館が二〇〇四年四月二七日、同市宮田町にオープンした。神峰公園頂上に立つ同記念館は、吉田メロディーを映像で楽しめるシアターや気軽に作曲が楽しめるコーナー、展望喫茶フロアなどを備える。約七〇〇枚のレコードジャケット、吉田門下生が語るエピソードや写真などで吉田正の生涯をたどることができる。二〇一七年三月三〇日、入館者は一〇〇万人を突破した。

直木賞作家三人誕生

平成時代は文学の分野でも大きな話題があった。茨城ゆかりの三人の直木賞作家が誕生した。

出久根達郎（一九四四〜）

「佃島ふたり書房」で一九九三（平成五）年の第一〇八回直木賞。行方市出身。中学卒業後、上京して古書店で働きながら作家デビュー。一九九二（平成四）年「本のお口よごしですが」が講談社エッセイ賞。古今東西の古書を扱う仕事で培われた豊富な知識が魅力で、時代小説のほか古書にまつわる随筆も多い。現在も杉並区内で古書店を営む。新聞の「人生相談」コーナーの回答者としても知られる。

海老沢泰久（一九五〇〜二〇〇九）

「帰郷」で一九九四（平成六）年の第一一一回直木賞。桜川市出身。一九七四（昭和四九）年「乱」で小説新潮新人賞。一九八八（昭和六三）年「Ｆ１　地上の夢」で新田次郎文学賞など受賞。直木賞は四度目で受賞した。プロ野球監督やＦ１レーサーなどスポーツに題材をとった小説やノンフィクション作品を多く書いた。

恩田陸（一九六四〜）

「蜜蜂と遠雷」で二〇一七（平成二九）年の第一五六回直木賞。青森市生まれで仙台市出身。中学三年から高校三年まで水戸市で暮らした。一九九二（平成四）年に「六番目の小夜子」が日本ファンタジーノベル大賞候補となり注目を浴びる。二〇〇五（平成一七）年に水戸一高の伝統行事「歩く会」を題材にした「夜のピクニック」で本屋大賞、二〇〇六（平成一八）年には「中庭の出来事」で山本周五郎賞。発表作品は数多く、直木賞は候補六回目で受賞した。構想一二年の受賞作は、ピアノコンクールを題材にした青春群像劇。同作は二度目の本屋大賞も受賞した。

（飯村雅明）

統計にみる平成三〇年間の変遷

平成の時代、茨城県は着実に歩みを進め、行政、暮らし、社会資本といった面でも様変わりしている。進化を遂げているところもあれば、人口減少や地方の衰退に伴い、厳しさが増している面も少なくない。平成が始まった一九八九年前後と近年の状況を比較し、県勢の変化を見てみる。

予算と人口

県政を見る上で分かりやすい材料の一つに予算がある。県の一般会計当初予算は平成元（一九八九）年度七二七二億九三〇〇万円。その後、着実に増え続け、平成三〇（二〇一八）年度は一兆一一一六億円八八〇〇万円となり、一・五倍に膨らんでいる。予算以上に増加しているのが借金だ。県債発行残高は元年度四四〇〇億円弱。これに対し、三〇年度は通常県債のほか、国の制度に基づく特例的な県債も増え、県債残高は合わせて約二兆一四〇〇億円に上っている。

予算の執行状況にも違いがうかがえる。歳出はどちらも教育費がトップだが、元年度は多い順に土木費、農林水産費、公債費、総務費、民生費、警察費、衛生費、商工費と続く。三〇年度になると、教育費に続いて保健福祉費、公債費、諸支出金、土木費、商工費、警察費、農林水産費となっている。名称や予算規模は違っているが、平成の初めはまだまだ県土の発展のために土木や農林水産に力が注がれていたことがうかがえる。少子高齢化の進行に伴い、近年は全国同様に保健や福祉に大きく財源が割かれている。

　人口も大きく変動した。平成元年の年にあたる昭和六四年一月一日の県人口は二八〇万四七〇〇人、八〇万二五九世帯だった。平成三〇年一月一日は二八九万五九〇七人、一一五万二四九〇世帯。世帯数の増加は核家族化の進行をうかがわせる。人口は変わりないように見えるが、実態は大きく増減している。平成一一（一九九九）年一〇月一五日に三〇〇万を突破し県庁では記念式典が行われている。県常住人口調査で翌一二年九月一日には三〇〇万四二六六人を記録した。それ以降は減少傾向が次第に顕著となった。人口の伸びという面でも違いが鮮明となってきている。昭和六四年一月時の人口は前年比二万八〇〇一人増、一方、平成三〇年一月は前年比九三六九人減となっており、人口は平成の時代に増加から減少へとベクトルが移った。出生は平成元年二万九二一四人、死亡一万七八二二人、二七年は出生二万一七〇〇人、死亡三万一〇二五人。婚姻は平成元年一万五二八一組、離婚二九三二組、二七年は婚姻一万三四九八組、離婚五一九〇組。人口減少社会を裏付ける数字だ。

　高齢化も進行している。県人口に占める六五歳以上の人口の割合は一〇月一日現在で、平成二（一九九〇）年が一一・九％。三〇年は二八・九％となっており、急速に進む高齢化がうかがえる。五年ごとに公表される平均寿命は平成二年が男性七五・六七歳、女性八一・五九歳、平成二七年は男性八〇・二八歳、女性八六・三三歳で、この二五年間で男女共に五歳延びている。

　市町村数は平成元年には八八あった。その後、平成の大合併により平成一八（二〇〇六）年までに四四市町村となり、現在に至っている。

暮らしと物価

　県統計年鑑から平成元年と二七年の水戸市内の小売物価を比較してみる。種類、量、部位が異なるものがあり、比較可能な品目を取り上げてみた。

	食パン 一キロ	マグロ 一〇〇g	カツオ 一〇〇g	ハム 一〇〇g
平成元年	三五八	四三七	二六一	二七〇
二七年	四九三	二三七	二三四	一五九

	ソーセージ 一〇〇g	鶏肉 一〇〇g	キャベツ 一キロ	ジャガイモ 一キロ
平成元年	一三〇	九二	一七二	二八一
二七年	二〇四	一三四	二一七	四七〇

	タマネギ 一キロ	トマト 一キロ	ミカン 一キロ	バナナ 一キロ
平成元年	二三二	七二六	五三五	二八七
二七年	四七三	五四九	五九七	二〇九

	中華そば一杯	家賃（県営）三・三平米	灯油一八ℓ	ガソリン一ℓ
平成元年	三七三	一四五五	七四一	一二一
二七年	四三三	一一四七	一三四八	一三五

	理髪料	PTA会費小学校	通話料一カ月	新聞代地方紙
平成元年	二九三〇	二九〇	一三九〇	二二六〇
二七年	三七〇〇	三二〇	一七〇三	二九九〇

※単位は円

物価は確実に上がったもの、下落したものがある一方、生鮮食品などはその年の生産量、気候変動などの影響も受けやすく、変動幅はよく吟味する必要がある。

一方、バブル崩壊後、県内の土地価格は下がり続けており、県内の地価平均価格は住宅地で一平方メートル当たり平成元年五万六一〇〇円だったものが、二八年の地価調査では三万二五〇〇円にまで下落している。商業地は平成元年二〇万九〇〇〇円、二八年には六万四六〇〇円にまで落ちた。

デフレ時代に突入し、労働者の賃金はほぼ横ばいの状態が続いてきた。常用労働者一人平均の月間現金給与額（事業所規模三〇人以上）は、平成元年三三万八一一七円（男性四〇万七六七三円、女性一九万六五六三円）、二七年は三四万一四八六円（男性四二万六〇三円、女性二二万一六八二円）となっている。勤労者一世帯当たり年平均一カ月の実収入額は、平成元年は全県平均で四〇万六〇七円。うち勤務先からの収入は世帯主が三三万七一七七円、配偶者四万一八七二円。これに対し二七年は水戸市での統計だが実収入額五九万二七〇四円、世帯主四六万六四三三円、配偶者八万八五一三円だった。

県内総生産（名目）は平成元年度九兆一四五三億円、二六年度一一兆六一二四億円、一人当たりの県民所得は元年度二六四万円、二六年度は三〇九万円。郵便局を除く県内金融機関の預貯金残高は平成元年度末九兆八五九六億円、二七年度末は一七兆五七五七億円。

賃金闘争に密接に関わってきた労働組合は、活動の後退や組合の減少が続き、元年一一二五組合、組合員二三万五三八四人を数えたが、二七年には九五七組合、一九万二八五八人に減少した。

農業

古くから農業県だった茨城県は、平成の時代も農業産出額は常に全国上位にあった。平成元年五〇一八億で全国二位、平成末の二八年は四九〇三億円で同じく二位だった。この間、平成六年から一三年までは減少したが、平成二〇年に一五年ぶりに全国二位に返り咲き、以後、北海道に続いて九年連続二位だった。主力産物も変わり、平成元年前後は米、園芸、畜産で三分の一ずつを占めていたが、平成末時点では米が減少し、園芸が五割、畜産三割、米二割となっている。平成二八年は鶏卵、サツマイモ、ハクサイ、レンコン、メロン、ピーマン、干しいも、ミズナ、チンゲンサイ、芝、栗、セリなどが全国一の産出額を誇る。

総農家数は平成二年二月時点で一五万二八六四戸、二七年は八万七六七八戸と半減している。経営耕地面積も一六〇九万六三八〇ヘクタールから一〇七一万七一三四ヘクタールに減少。農林業センサスによると、平成二年二月現在、乳用牛飼養農家一四六〇戸、四万六一八九頭が二七年は四〇七戸、二万一三七四頭に、同様に肉用牛は平成二年二七八七戸、三万九二九七頭が二七年には六二〇戸、二万三八一六頭、豚は二五六四戸、五六万七四七三頭が二三五戸、二七万五二六〇頭、ブロイラーは一五七戸、六万八一八八羽から四四戸、三三三万五六一七羽となっている。近年は後継者難などから耕作放棄地が増え続けており、平成二七年には販売農家で田畑、樹園地合わせて八二七七ヘクタール、非農家なども含めると二万三九一八ヘクタールに及んでいる。

その他

	平成初期	平成末期
事業所数	一三七八〇七所（三年七月）	一二二八三五所（二六年七月）
従業者数	一二四七〇六四人（三年七月）	一三二一四四九人（二六年七月）
製造品出荷額	九九五九七億円（元年）	一一二〇八八億円（二八年）
水道普及率	七七・一％（元年三月）	九四・四％（二九年三月）
下水道普及率	二〇・七％（元年三月）	六一・三％（二九年三月）
道路実延長	五四一二九キロ（元年四月）	五五八八二キロ（二七年四月）
道路舗装率	五二・七％（元年四月）	六五・六％（二七年四月）
交通事故死者数	四六二人（元年）	一四三人（二九年）
刑法犯認知件数	三〇〇四七件（元年）	二四八〇九件（二九年）
住宅数	七五七五〇〇戸（昭和六三年一〇月）	一〇七六一〇〇戸（二五年一〇月）

観光客数	二八九一万人（元年度）	五一六五万人（二七年）
小学校数	五九二校（元年五月）	五二八校（二七年五月）
児童数	二四〇〇六一人（元年五月）	一五三二〇七人（二七年五月）
中学校数	一三五校（元年五月）	一三四校（二七年五月）
生徒数	一三八二四九人（元年五月）	八二二二四人（二七年五月）
高校数	一三一校（元年五月）	一二〇校（二七年五月）
生徒数	一三五七八七人（元年五月）	七九〇七七人（二七年五月）

（井坂幸雄）

あとがき

茨城県近現代史研究会会長
常磐短期大学特任教授　市村眞一

茨城新聞社は二〇一六年に新聞創刊一二五周年記念事業として『茨城新聞一二五年史』を発刊した。記念事業は、ほかに茨城県近現代史研究会の設立だった。明治二四年七月五日に創刊号を出した茨城新聞社は、その後もほぼ毎日、継続的に県内外の出来事を紙面で紹介してきた。新聞社は、日々の出来事を記事にし、読者に紙面として届けることを主な業務と理解している。確かにそうなのだが、社会から見ると、残された紙面は、やがて史料としての価値を有する。だから、紙面制作する立場の社会的責任、あるいは社会貢献事業として茨城県近現代史研究会を設立した経緯がある。

日本独特の元号に基づく「平成時代」が、茨城県にとってどのような時代だったのか、茨城新聞社は一二五周年記念事業を実施するなかで検証しようと『茨城　平成時代年表』の発刊を準備した。当時、私は社史編さんを担当していたが、これらの事業を実施することを小田部社長と話し合い、進める事で一致した。いずれも新聞社ならではの事業と思う。

『茨城　平成時代年表』は、茨城新聞社の事業だが、外部の有識者が入った茨城県近現代史研究会が監修することで、客観性を担保することができたと考える。年表は、県内政治・経済、県内社会・文化、国内・世界に分けているので、見やすくなっていると思う。また、解説は、茨城新聞社のなかで得意分野を持った記者経験者が執筆したので、分かりやすいと思う。年表に期待する専門分野の方々には不満もあろうかと思うが、一つの時代の事象をコンパクトにまとめた資料として、さまざまな分野で役立つものと思う。茨城新聞社の取り組みに敬意を表したい。

本書は茨城県近現代史研究会会長の市村眞一、会員で茨城大学教授の佐藤環、茨城県立歴史館の石井裕、茨城新聞社の井坂幸雄、小沼平、飯村雅明、大高茂樹が担当し編纂しました。

茨城平成時代年表
茨城県近現代史研究会編

ISBN978-4-87273-461-4
2019年5月30日　第1刷

定　価　本体1,000円＋税
編　集　茨城県近現代史研究会
発　行　茨城新聞社
〒310-8686 水戸市笠原町978番25 茨城県開発公社ビル
TEL.029-239-3006